名著復刻

授業で鍛える

野口　芳宏　著

明治図書

本書は、一九八六年に明治図書教育新書として刊行された『授業で鍛える』を復刻刊行したものです。記述内容については、刊行当時のままとなっておりますことをあらかじめご了承ください。

本書を読まれる先生への手紙

先生、本書を手にして下さって有難うございます。夥しい教育書の中から、私の『授業で鍛える』という一冊を手にして下さった出会いの不思議さを思わずにはいられません。「人は偶然によって出会う。それが偶然で終わるか、必然に発展していくか、そこが運命の岐路である」―とは、全くその通りだと思います。先生と私との本書による出会いが、これからのお互いの人生に何を生み出すことになるのでしょうか。楽しみです。

この本は、ざっと三十年もの昔に書いたものです。私が二十年間の千葉大学附属小学校教員生活に区切りをつけて、地元の小学校の教頭になったばかりの頃でした。東京の向山洋一先生が提唱されて全国に瞬く間に広がった「教育技術の法則化運動」が、いよいよその勢いを増し、盛り上がりを見せ始め、その波が明治図書出版の「教育新書」のシリーズを生み出しました。教育新書に並んだ本は、どれもこれも非常によく読まれました。向山先生の『授業の腕をあげる法則』という一冊は、実に百刷超という、日本の教育書に空前絶後の販売実績を上げました。法則化運動に関わった先生方は実によく本を読み、それらを教室の実践に生かしました。日本中の教室が活気づいたと言っても過言ではありません。

この『授業で鍛える』も、それらの新書の一冊です。新書としては私のデビュー作ですが、この本も実に広く読まれ、この本によって私との出会いが生まれ、今に続いているという先生方がたくさんおられます。いつの間にか私は、全二十巻と全十五巻という二つの著作集を筆頭に、ざっと百冊の本を出版していただきましたが、それらの中で断トツの広がりを見せたのが本書です。この本のヒットによって、以後の私の本にはほとんど「鍛える」というキーワードが付くことになり、「鍛える」は私のトレード・マークのようにさえなりました。本書とともに復刻される『学級づくりで鍛える』もその一冊です。

本書の刊行の趣旨は、原著のまえがきに詳しいので、そちらをお読み下さい。重複を避ける意味でも、復刻版のまえがきは、傘寿を迎えた今の私の想いを先生に伝える「手紙」という形に託すことに致します。原著には書いていない、現在の私の心境を率直に書き綴り、先生との対話を楽しみたいと思います。

いろいろな場で、私はよく次のように投げかけてみます。「『日本の教育はすばらしい。このまま進めば安心だ』と思う方はノートに○を書いて下さい。『冗談じゃない。このままではいけない。先行きが心配だ』と思う方はノートに×をつけて下さい」――この結果はどうなると思いますか。実に、ほぼ全員が×をつけるのです。○を書く人もいますが、それは例外と言ってもよいほど僅かです。大方の人は、日本の教育の現在の在り方に疑問と不安を抱いている、と言ってよいでしょう。実は、私もその一人です。

では、次の問いに進みましょう。「ということは、現在の先生方は、努力不足だと思いますか。まだまだ実践が生ぬるい、と思いますか」と問うてみます。同様に「教育行政はどうですか。努力不足、実践不足だと思いますか」と問うてみます。重ねて「子どもはどうですか。子どもは努力不足、実行不足だと思いますか」と問うてみます。さらに「親はどうですか。家庭はどうですか」とも問うてみます。―その結果は、どの問いにもほとんど×がつきます。実は私も同感です。

現在の日本の教育状況は、先生方も、教育行政も、親も、子も、みんなみんな忙しく、それぞれ誠実に、できる限り精いっぱいの努力と実践に明け暮れています。もしこれ以上「もっとやれ」「もっと頑張れ」と責め立てられたらどうなるでしょう。私は答えます。「もしそうなったら、体を壊すか、頭を壊すか、家庭を壊すか、しかないでしょう」―と。そうです。それぞれの努力や頑張りは、もう限界に近いのです。

―となると、いったい私たちは何をしたらよいのでしょうか。何によって現在の教育の混乱、昏迷を打開、救済したらよいのでしょうか。その方途はないのでしょうか。

あります！　もしなかったら、もう日本の未来、教育の未来はありません。そんなことはないし、あってはならないのです。昏迷を打開する鍵、それは「根本、本質、原点」に立ち返ることです。「根本は何か」「本質は何か」「原点は何か」と常に問うことを忘れないことです。根本がわかれば枝葉に囚われません。本質がわかれば現象に惑わされることがありません。原点がわかれば道に迷うことはありません。現代の日本の教育の昏迷の原因は、枝葉や現象に目を奪われ、それに合わせて親も子も教師もめまぐるしく、忙しく、振り回されていることにあります。だから、原点に立ち返り、出直せばよいのです。
「授業の本質は何か」と問うと、その答えは十人十色です。授業のプロがこの有様です。要するにそれぞれが勝手に解釈しているということです。本質がわからないまま授業をしているということです。「教育の目的」を問うても、答えは十人十色です。教育の目的がわからないのに教育に忙しい、とは不思議です。
教育の目的は、教育基本法第一条に明記されています。ここに立ち返れば、霧が霽れるでしょう。授業の本質は「学力形成」です。学力形成の保障こそが、授業の本質なのです。目的や本質がわかれば、些事に翻弄されません。実践者は、実践の哲学を持つべきです。哲学のある実践によって、教育は実を結びます。本書が究極的に主張したいのは、その一点なのです。

本書復刻に当たり、明治図書出版の矢口郁雄様には格別のご教示をいただきました。特に記し、御礼を申し上げます。

平成二十七年五月二十日　薫風の茅屋にて

野口芳宏記す

まえがき

今の子どもたちの体位はぐんと向上しました。背も伸び、体重も増し、血色もよくなりました。服装も身なりも小ざっぱりとしています。ほとんどの人々が高等教育を受けるようにもなりました。日本の生活水準は本当に向上したと思います。

しかし、一方では今の子どもたちはつくづく「ひよわ」になった、とも思います。「もやしっ子」などと言う人さえあります。

・登校拒否や子どものノイローゼが年々増えている。
・注意を受けると反抗したり、反発したり、悲観したり、失望したりする。
・叱られたこと、友だちとの折合いの悪いことなどを気にして自らの命を絶つ子がいる。
・思いどおりにならないからと、腹いせに放火をしたり、いじめたりする。
・おもしろくないから、と非行にはしる。

これらは、要するに心の「耐性」の不足から生ずる悲劇だと言ってよいでしょう。今の子どもたちは一様に「ひよわ」になっていると思います。このような傾向を私は、「耐性虚弱症」と名づけています。

世の中も、人生も、そもそも自分の思うようにはならないものです。そういう現実の中を私たちは生きぬいていかなければなりません。そういう逞しい力を子どもたちにつけてやることが私たちの最も大切なつとめだと思います。

自立心や独立心や抵抗力を十分に養い、逞しい心の持主に育ててやることこそが私たちのつとめです。このような力を、私は「知的活力」と呼ぶことにしています。

耐性虚弱症に陥っている子どもたちに、知的活力をつけてやることは、教師であり、大人である私たちの今や「急務」でありましょう。

めまぐるしく、高度に錯綜した、この複雑な社会を逞しく生きぬいていくために、今こそ私たちは、「知的活力」を子どもたちに培う義務がある、と私は思います。

現代っ子がおしなべてむしばまれているところの「耐性虚弱症」は、必ず治療可能です。子どもは、もともと逞しく、健康で、生命力に満ちている存在です。過保護、過管理、過干渉を止め、子ども自体が具有している天与の生命力を伸ばしてやればよいのです。子どもたちは、本来それを望んでいるはずです。自らの力で生きていく力が開発され、育まれることを望まない子どもがどこにあるでしょうか。

子どもは、鍛えられて伸びることを望んでいます。鍛えられて伸びることへの潜在願望があります。望ましい鍛え方によって、見違えるように伸びていく子どもたちの姿を私は自分の目でいっぱい見てきました。健康で逞しく成長していく子どもを眼のあたりにするほど果報なことはありません。

本書は、子どもたちの学校生活の中核であり、また教師の最大の仕事である「授業」に的を絞って、子どもたちの「知的活力」を伸ばす鍛え方を述べたものです。耐性虚弱症から子どもたちを救い出し、健康で逞しい知的活力を鍛えるノウハウを、実践的に、具体的に解説したものです。どの教室の実践にも、お読みくださったその日から、きっと役立てていただけることと思います。小著が、いささかなりとも、あなたの授業実践の向上のお役に立てるなら、これほど嬉しいことはありません。そうなることを願わずにはいられません。

なお、小著刊行について、終始ご懇篤な御指導を戴きました明治図書編集部長、江部満氏に対し、心からなる感謝を捧げます。ありがとうございました。

昭和六十年霜月二十九日、早暁

茅屋のしじまの中にて

野口芳宏識す

もくじ

3章 学習意欲を高める鍛え方

4章 発表技術を高める鍛え方

5章 聞き方の技術を高める鍛え方

6章 音読技術を高める鍛え方

7章 読解力を高める鍛え方

8章 文字力を高める鍛え方

9章 文章表現力を高める鍛え方

1章

子どもは授業で鍛えよう

1

1 「授業」は学校教育の中核

子どもは、学校に授業を受けにきているのである。学校生活の大方は授業で費やされる。授業と授業の間の僅かの時間は「休み」であり「休憩」である。昼休みや、放課後の生活も楽しいし、人間形成上それなりに意義もあろうが、それらは、授業における意義の大きさとは比較にならない。

まさに、その故にこそ「授業」をめぐる研究、研修、実践、論議が、古今を通じ、東西に亘って盛んなのである。授業が、子どもにとって、楽しく、おもしろく、わかりやすいものになるならば、学校は間違いなくすばらしい成果を生み出すことになるだろう。

2 「授業」はトータルな人間形成の場

授業は、トータルな人間形成の場である。授業の充実は、単に知識や技能を高め、伸ばすだけではない。意志も鍛える。楽しさも味わわせる。勇気も育てる。優しさも生みだす。

生きざまも学ばせる。思索も深める。希望も抱かせる。恥も教える。怒りも、悲しみも、罪の意識さえも教える。

授業とはそういうものだ。国語、社会、算数、理科、音楽、図工、家庭、体育、道徳、特別活動、これらの教科、領域に至る授業の中で育まれ、培われる人間形成上の意義には測り知れないものがある。

生徒指導も大切だ。教育相談も、安全教育も、国際教育も、みんな大切だ。しかし、それらは、基本的には一時間一時間の授業の充実によって可能だと考えるのが本来的である。少なくとも、一時間一時間の授業が志向している究極の狙いは人間の形成という点にある。トータルな人間の形成を志向する、分野として教科や領域があり、そのための授業時数が確保されているのである。

事実、すぐれた授業に接するとつくづく、「トータルな人間形成の場だなあ」という感を深くする。

すぐれた授業は、単なる知識や技能の伝達や習熟の域を越えている。そこには生徒指導もあり、道徳教育もあり、また、安全教育もある。つまり、トータルな人間形成の教育がなされているのである。

テストがあって授業がない。授業があっても指導がない。指導があっても教育がない。教育があっても人間がいない。

これが現代の教育の一般的な姿だと悲観的に言った人がある。このことばは、現代の教育の弊を、残念ながらうまくとらえているように思う。

しかし、あくまでもそれは、よくない授業を指しているものである。本来あるべき授業の姿というものは、確かな人間認識に基づいて、指導がなされ、評価もされ、実践もなされているはずである。そういう、本来的な、充実した授業を、一人ひとりの教師が志向するならば、非行や登校拒否や校内暴力などは必ずやなくなるに相違ない。私たち教師は、そのような認識に立って授業に当たらなければならないと私は強く考えている。

3 「授業」で鍛えられることほどおもしろいものはない

中学生にとって、日本文法などというのは一般に人気のある授業ではないだろう。しかし、私たちに授業をしてくださった高橋和男先生の文法の授業はまことに人気があった。高橋先生は非常勤講師で、日本文法だけを週に一時間担当されていた。

文法の授業を通して、日本語の中に潜む規則性、リズム、ことばの美しさ、そして、授業の受け方、授業を受けることによってもたらされる測り知れない知的世界の広がり、さらには、読書への動機づけ、人生のおもしろさなどを、ユーモラスに、情熱的に語ってくださった。

高橋先生の授業は、決して甘くはなかった。わかるまで熱心に教えてくださる代わりに、不真面目でいいかげんな態度で授業を受ける者に対しては、非常にこわい先生だった。

先生は、「こんなに真剣に教えている先生に対して、お前は何という態度だ！」という叱り方をされた。大きな声だった。叱られた本人ならずとも身が縮む思いだった。

しかし、普段の授業は楽しかった。日本語のしくみがわかっていくにつれて、私たちは、授業のおもしろさもまた知らされていった。知識が増し、規則性が発見され、ことばへの見方が鍛えられ、親しみが増した。

先生は、覚え方のこつや、まちがいやすい急所も教えてくださった。また、どうしても暗記しなければいけないことについては、徹底的に繰り返して暗記させた。――授業で鍛えられている――と、実感できた。鍛えられることのおもしろさ、すばらしさ、それによって生じてくる自己成長の喜び、それらを、高橋先生の授業は教えてくださったのだと、今にして思うのである。

教師のねうちは、すばらしい授業ができるか否かで決められてよいだろう。すばらしい授業、充実した授業、おもしろい授業、わかりやすい授業を、一時間一時間子どもたちに提供できるようになるためにこそ、私たち教師は努力すべきである。

授業の上手な教師に教えられ、一時間一時間の自分の成長が自覚できることほど、子どもにとって嬉しいことはあるまい。授業をつまらなく感じ、授業を拒否するような子どもは、授業によって伸ばされた経験に乏しい。彼らは、授業がよくわからないために、挫折感や劣等感を育ててしまった気の毒な犠牲者たちと言えよう。

授業で子どもを鍛えることのできる教師は幸せである。教えている子どもたちが、刻々に向上していくことを目の当りにできるほど教師にとって幸せなことはないではないか。

授業で鍛えられ、向上していくことほど、子どもにとっても幸せなことはない。自分が、さっきよりは今、きのうよりは今日、去年よりは今年と、明らかに伸びていくことがわかることほど、子どもにとって嬉しいことはないではないか。

2章

子どもに喜ばれる鍛え方・六か条

2

1 「不満の自覚」から出発

「大きなかぶ」を一斉音読させてみる。

おじいさんが、かぶのたねを まきました。

一年生は、大声で、大方は次のように読む。

おじいさん**が**ァ、かぶのたね**を**ォ
まきまし**た**ァ。

一行を読ませただけで、私は次のように言う。
「下手です。お話になりません」
ほめてもらえると思って張り切って読んだ子どもは、きょとんとする。「どこが下手な

んですか」と不満げな表情を見せる子もいる。

明らかに彼らは、「不満」を感じ始めている。そこで追い討ちをかけるべく、一番読み方の上手な子どもと目されている子に同じところを読ませてみる。ほぼ、同じような読み方をする。

「下手ですねえ。話になりません」

と、重ねて言う。彼らは、一層不満やとまどいを表情に表してくる。

鉄棒でさか上がりをさせてみる。できる子と、できない子に分かれる。一目瞭然である。できない子は恥ずかしそうである。できた子は嬉しそうである。得意な気持ちが顔に出ている。できない子どもは、「できるようになりたい」と思っているに違いない。

習字を書かせる。大方はうまく書けない。手本と比べてみればすぐわかる。多くの子どもは、自分のできばえに不満足である。何とか、もう少しうまく書けないものかと考える。

このように、現在の自分の状況に何らかの不満を持つことが向上への契機になる。したがって、子ども自身が不満を持つこと、不満を自覚することは非常に大切である。

子ども自身が、自分の力で不満を感じてくれれば何よりであるが、自分の現状に不満を感ずることは、通常かなり大きくなってからである。子どもの頃は、誰でも自分に満足していることが多い。

そういう場合には、不満を自覚させるための、指摘やゆさぶりが必要である。それを教師の側からしてやらなければいけない。

授業の中で私はしばしば、

「この問題が解けそうもないと思う人は」

と問うて挙手をさせる。「わからない」「解けない」ということを、きちんと「自覚」させておくことによって、それが解決したときの喜びを味わわせてやろうと考えるからである。

2 「希望と目あて」を持たせる

「不満の自覚」をさせたら、その不満が解消できることへの希望を持たせなければならない。不満を自覚させ、がっかりさせて終わったのではどうにもならない。

不満を自覚させた後、私はたとえば次のようなことを全体に向けて話す。

・わからない、ということがわかっているというのはすばらしいことです。
・この時間のうちに、できるようになるから、がんばりなさい。
・まもなく、上手に読めるようになりますから、楽しみにしておいで。
・心配はいらない。この時間で、必ずうまく書けるようになります。さあ、一緒に頑張りましょう。

このように言うと、子どもたちは必ず嬉しそうな表情で頷く。自分でも困ったなと思っていることが解決され、自分が向上できそうだとわかれば、誰だって嬉しくなる。大人だって、子どもだって、その点では同じである。

しかも、その、目あてや希望の持たせ方には次のような決まりがある。

1　具体的であればあるほどよい。
2　達成への時間が短ければ短いほどよい。

「頑張ろうね。努力をすれば必ず、実りがあります」というような言い方では、あまり役に立たない。「努力の結果がどんな形になるか」ということが子どもに見えないからである。

・さかあがりができるようになる。

・上手に読めるようになる。

・「春」という字が毛筆で上手に書けるようになる。

というように、具体的な目あて、目に見える希望を持たせなければ子どもはやる気を起こさない。

また、その希望がいつ叶えられるのか、目あてにいつ到達できるのかわからないようでは子どもは頑張ろうとはしない。

・あと、十分間でできるようになるよ。

・遅くともあと二十分後にわかるだろう。

・さあ、すぐにどっちが正しいかがわかるよ。楽しみだね。

というようなことばをかけてやることが大切である。

目の前にゴールがあれば、誰だってやる気になる。大きな成長、大きな向上を期待するならば、それに至る中途に、いくつかの小さな目あてを提示してやるようにしなければならない。それらの一つひとつを達成していく喜びを重ねているうちに、いつしか思いがけない大きな成長がもたらされるのである。だから、目的達成への時間は、短いほどよいのである。

このような条件を備えれば、子どもは、具体的な目あてに向けて、価値ある努力をしていくことになる。目あてを自覚し、やる気になった子どもは、思いがけない伸びを見せるものである。

すぐれた指導者は、このような条件をよく理解し、それを具現する指導技術を身につけているのである。

3　「努力の筋道」を教える

自分の問題点はつかめた。それを解消しうる希望も持てた。しかし、どうすればよいかよくわからない。何をすれば、希望が叶えられるのか、それが知りたい。――子どもは、やる気十分、今や、手だてを求めている段階である。この段階では、努力の筋道を教えなければならない。

例えば、私は「大きなかぶ」の読み方では、教師の範読を行い読み方のモデルを示す。そして、「さあ、先生のように読んでみよう」と言い、一節ずつ子どもに追い読みさせて、よい読み方を身につけさせる。子どもは、具体的な努力のしかたがわかるので、繰り返し、喜んで練習する。

・口を大きく開けて
・明瞭な発音で
・語尾は小さく、やわらかく発音し
・適切な音量と
・適切な速さで

読めるようにと、熱心に練習を続ける。

さか上がりの指導では、足を高く上げるための補助台を設けてさか上がりをさせ、次第にその補助台の高さを下げていくようにする。つかえたところで繰り返し練習させ、それができたら、さらに少し補助台の高さを下げていく。こうして、努力の筋道、努力のしかたを示してやるのである。

「春」という字をうまく書くには、横画をすべて平行にし、しかもそれぞれの横画の間隔を同じにしてみようと助言する。子どもはこの助言に向けて、そうなるように努力する。間もなく「春」という字が、見違えるほど上手に書けるようになる。

このように、明快な合理性のうえに立って、具体的な工夫を加えながら努力するように導くことが大切である。

・がんばりなさい。
・しっかり見なさい。
・慎重にやりなさい。
・どこが大切か、よく考えて。

などという抽象的な掛け声では努力の筋道は見えてこない。こんなことばで子どもの力を伸ばそうとするのは「しごき」にもなりかねない。

4　「努力の結果」を見せる

努力しつつあるその過程で、果たしてこの努力が役立っているのだろうか、とふと思うことがある。向上には役立たないのではあるまいか、無駄ではあるまいか、という不安がふと心をよぎることがある。

授業の進行の中で、この不安をとり除き、励まし、自信を持たせることが必要である。そのためには、実例を指摘しながら、たとえば次のように言うことが有効である。

読み方の練習をしている子どもには、

・大きな声が出てきているよ。
・つかえずに読めるようになってきたね。
・よし、よし。そのくらいの速さでいいんだよ。
・悲しい気持ちがとてもよく出ている読み方になってきたよ。その調子、その調子。
・確実に上手になってきているよ。自分でも、昨日より、ずっとうまくなっていることがわかるでしょう。
・ほら、大野君の読み方が上手になったって、こんなにたくさんの友だちが認めているんだよ。

子どもには、向上的変容を目指して、いつも目の前の抵抗への挑戦をさせ続けることが大切である。そして、その抵抗への挑戦によって、障害や抵抗が克服されつつある事実を見せてやることが大切である。向上しつつある、障害を克服しつつある、という快感を味わわせてやることが、次の行動へのエネルギーになるのである。

努力の結果の実りを、たとえそれがどんなに小さくても、明確な事実として見せてやることが、子どもたちの大きな励みとなる。この積み重ねの中から、やる気が育つのである。

5 「向上的変容」を自覚させる

伸びつつある、という自覚が努力をし続けるエネルギーになる。そして、もう一つ大切なのが、「向上した」「伸びた」「高まった」という結果の確認であり、自覚である。

およそ人間にとって、自分の成長を自覚できることほど嬉しいことはあるまい。そういう、報われた結果を確認し得たときに初めて、「やってよかった」「頑張ってよかった」と思うのである。

授業の中で子どもを鍛えていくときにも、この原理を踏みはずしてはならない。苦痛だけが与えられて報われないとき、失意を感ずるのは当然である。「やってよかった」「頑張ってよかった」と、どれほど数多く体験させるかが、子どもを前向きにするかどうかの鍵になる。

・頑張ってよかったね。見違えるようになったよ。
・立派、立派。もう、申し分のない読み方だ。よかったね。
・おめでとう。びっくりするほどの進歩だ。自分でもそのことがわかるだろう。
・おめでとう。先生も嬉しいよ。君は、もっと嬉しいだろう。
・よく頑張ったからこんなに上手になったんだよ。努力して伸びる、こんなにすばらしいことはないね。

こんなことばが、心の底から発せられたとき、教師の喜びも、子どもの喜びも、ぐんと大きくなる。子どもの成長を、我が事のように喜べる教師でありたい。

・よろしい。それでいいんだ。

・よくできた。合格。

・うまくなった。よろしい。

こういうことばでも子どもは喜ぶだろう。しかし、いささかこのことばには物足りないものがある。このことばは、子どものある状態を「評価」しているだけである。評価や判定は、いわば事実の指摘に過ぎない。

大切なことは、

子どもの伸びを、ともに喜ぶ

ということである。子どもとともに喜び合うことである。そこに、師弟一如のすばらしい世界が生まれる。

自分のことを、一緒に喜んでくれる教師の姿を見たとき、どんなにか子どもはその教師に親しみを感ずることであろう。一体感を感ずるであろう。教師は、冷たい評者ではなく、すべからくともに喜び合える存在でなければなるまい。そういう関係の中から、本物の教育の実が上がるのに違いない。そういう鍛えられ方をこそ、子どもたちは望んでいるに違いない。

6 「鍛えて伸びるすばらしさ」を自覚させる

くどいかもしれないが、大切なことなのでどうしても書いておきたい。

伸びたこと、向上したことを喜ぶのはいい。しかし、それだけでは底が浅い。そこでもう一度、改めて、その伸びや成長が、自分の努力や精進や鍛練の結果であり、賜であることをきちんとわからせる必要がある。

頑張ったからこそ、この伸びが生じたこと、努力をしたからこそ成長があったこと、精進を重ねたからこそ今日の栄冠が得られたこと、そこのところをとっくり納得させなければいけない。

こうすることによって、自分自身を「鍛えて伸ばすすばらしさ」に気づけるようにできるのである。そして、このような自覚を体験した子どもは、今後、自力で伸びていく力を身につけることになる。ここのところの味をしめた者は幸いである。いわゆる「生涯教育」を自らの喜びのうちに続けていく素地が培われることになるのである。

そのような自覚をさせるには、自分の努力や精進をふりかえっての作文を書かせるのが有効である。作文を書くことを通して、自分の心の変化や、努力をしているときの心の内だとか、向上したときの喜びだとかを、改めてまざまざと思い返し、確かめることができる。「自覚する」というのは、単なる行動の連続の中からは生まれにくい。やはり、自分のやってきたことを、意識的に反芻させることが大切である。

この場合、作文の題名はこちらから与える方がよい。作文の題名は、書く内容を方向づけ、書くことがらを精選させる働きをするからである。

- 「ごんぎつね」の勉強の中でぼくはどう変わったか。
- 「ずる休み」が私に考えさせたこと。
- 「わらぐつの中の神様」の勉強は、私にどんな成長をもたらしたか。

・私の考えを変えた授業「ごんぎつね」
・みんなで勉強することから生まれるすばらしい成長

少し固苦しいように感じられるかも知れないが、このような題名で書かせる方が良い結果をもたらす。もちろん、学年により、クラスの実態によって、やさしく、わかりやすくくだいて題名を提示すべきであるが、「どう変わったか」というところの一点だけはきちんとおさえて書かせることが大切である。

次に一例として、六年生の児童の作文例を示しておく。このような作文を、私は「読後作文」と呼んで「読書感想文」とは区別している。

ぼくの考えを変えた話し合い

六の四　神原貴樹

ぼくは、はじめこの男を欲張りすぎた大馬鹿者だと思った。もうちょっと前で曲がればスタート地点に元気でもどれたからである。ほんの少しのところを欲張りすぎたために、せっかく出発点に立ち帰りながら、ぱったりとたおれて死んでしまったのだ。

そして、結局、「頭から足までが入る」だけの、自分をうめる穴の広さしか土地をもらえなかったというわけだ。たったの一歩で、こんな大きな違いがあるなんて……。

みんなの話し合いが進行していくと、ぼくの意見はかわっていきました。自分が、もし本当にパホームだったとして、太陽がまだ頭の上にあって、まだ間に合う、と思ったとき、一歩進むことをしないで、そこで曲がることができるかどうか、考えてみたからです。

この、たった一歩の違いで、ずうっと横に一歩分のはばで、長い長い土地をもらえるか、もらえないかが違ってくるからです。この、たったの一歩で死ぬなどと、ぼくでも、パホームでも考えるでしょうか。

「なるべく広い土地が欲しい……。ちょっとでも広い土地が欲しい……」と思い続けていた人間が、一歩分せまい土地でだまっていられるでしょうか。

もしも、一周するのが早すぎて、まだ太陽がとても沈まないうちに出発地点に帰ってきてしまったら、パホームは一生くやむでしょう。ぼくだって、百円と千円では、千円の方がいいに決まっています。

パホームは「もっといいくらしがしたい」「自分の広い土地が欲しい」と思ったのでしょう。人間ならだれだってそう考えると思います。パホームを大馬鹿と言った者は、自分を馬鹿と言っているのと同じなのではないでしょうか。

パホームは、人間の「欲」を出してしまい、「死」を選ぶことになってしまったんだと思います。人間の「欲」、これが大変大きいときには、「死」につながることもあるのでしょう。

パホームのしたことは、ぼくたち自身を表わしているのではないでしょうか。パホームは、ぼくだったのです。

3章

学習意欲を高める鍛え方

3

五年生の光男君は、いわゆる成績不振児だった。体育に関しては、万能と言ってよいほど抜群の実力を持っているのに、他の教科になると、まことに生彩がなかった。ノートもろくにとらないし、いわんや挙手するなどということなど、まず皆無と言ってよい。

その光男君が、社会科に興味を示し、めきめきと力をつけていった。挙手はする。発言もする。調べてもくる。

クラスの友だちが光男君を見る目が違ってきた。

「光男君は、社会科が得意だ」

「光男君の社会科の力はすごい」

ということになってきた。

こうなると、光男君も自信を持ち、予習もすれば復習もするようになっていった。そういう中で、本を読み、考え、ノートに写すという作業も続けたのだ。だんだん国語や理科や算数についても興味を示すようになっていった。

友だちからの評価が高まるにつれて、彼は伸びていった。五年生の二学期は、一学期に比べてぐんと充実した生活をするようになった。授業中の表情も生き生きとし、発言もし、質問もし、勉強を熱心にするようになった。

もとより体育、スポーツにかけては万能でリーダー的地位を占めていた彼の学校生活はぐんと明るさを増した。五年生の二学期の途中から、彼は班長になった。クラスの役員としても活躍の場が与えられるようになったのである。

一体、彼をこのように変えていったきっかけは何だったのだろうか。それは、意外なことに、私の発したわずかな一語にあった。

その一語というのは、感に耐えず私が発した

「光男君、君には社会科の素質があるぞ」

というものである。信じ難いことかも知れないがこの一語である。ことばそのものには何の変哲もないが、この一語が私の口から発せられたときの「状況」にはいささか意味がある。

その時間は、日本の地形についての学習だった。日本地図を示して「この形を見て、何

か気がつくことはないか」という問いを出していた。この問いは、まったく、芸のない、とらえどころのない、答えにくいものである。

おおかたの子どもは、何も答えられずにいた。無理もない。ところが、このとき光男君が手を挙げたのである。むろん私は、直ちに指名した。

彼は、

「縦に長っ細(ぼそ)い」

と言った。クラスの友だちは、みんな笑った。そんなのは答にならないと思ったからであろう。

しかし、このとき私は、クラスの笑いを制して、

「すごいことを見つけたね。これは大変大事な発見なんだ。北から南に長っ細い、ということは、日本は狭い国土ながら、寒いところから暑いところまでを持った国だということになる。光男君の発言は、大発見だぞ」

と言ったのである。

光男君は大いに気をよくして、

「まだ、ある」

と言った。

「ほ、ほう。だれも言えずにいるのに、光男君は二つも見つけたか。すごい。言ってごらん」

と促すと、彼は、

「回りじゅうに海がある」

と、言った。再び、教室には笑いが起こった。が、今度は前ほどではない。そして、光男君と私の顔とを、子どもたちはかわるがわる見つめた。

「うーん」

と、私は唸った。これもまた大変な発見である。

日本が島国であることの、改めての認識は、これから学習していくことになる「加工貿易」「外国への依存性」「江戸幕府の鎖国政策」「尊皇攘夷」などの理解をどんなにか有効にするであろう。

これらについて、ごく簡単に触れた後、

「光男君の発見は、大変なものだ」

とほめ讃えた。そして、それに続いて言ったのが、先に示した、

「光男君、君には社会科の素質があるぞ」

ということばなのである。クラスの上位者のおおかたもきょとんとして答えようがなかった問いに、学業不振の光男君が、二つも答え、その二つがともに担任の絶讃を浴びたのであるから、これはクラスにとっても、光男君にとっても大きなできごとだったに違いない。そのときから、光男君は、急に社会科にのめりこみ始めたというわけである。

故に、子どもの学習意欲を高める鍛え方の第一条は、次の通りである。

1　子どもをほめる

2　伸びを自覚させ、成長を共に喜ぶ

一年生の担任が私に告げてくれた。

「先生、驚きです。大川君が、昨日は家で何度も『大きなかぶ』を声を出して読んだそうです。母親が便りに書いてきました」

担任も嬉しそうである。

「それは何よりだ。よかったですねえ」

と私が応えると、担任は続けて、

「それから、大川君の読み方はね、本当に上手になりましたよ」

とも付け加えた。私は嬉しくなった。

私は、一年生の教室でその前日「大きなかぶ」の授業をさせてもらったのである。単元に入っての第一時、「通読」の段階の授業である。

> おじいさんが／かぶの　たねを　まきました。

と読まなければならないところを、おおかたの子どもたちは棒読みにしていた。

おじいさんがかぶのたねをまきました。

という具合に区切りなくべらべらと読んでしまう。しかも、早口である。口も十分開いていない。声も小さい。姿勢も悪い。

私は、言下に子どもたちの読み方を否定した。

読み方が下手です。お話になりません。

子どもたちは、びっくりした顔付をした。無理もない。いつもほめられてきた一年生の子どもたちである。こんな乱暴なことは言われたことがない。

続けて私は次のように言った。

でも、まもなく、すごく上手になります。

この一言で子どもたちは顔をほころばせた。

「そのためには――」

と言って、みんなを見わたし、私は、黒板に次のように書いた。

口を大きくひらいて読む。

、ではとまる。

。ではやすむ。

それから、私が範読をしてみせた。子どもたちは拍手をした。その後、一区切りずつ私が読み、子どもが後をつける。四、五回くり返しているうちに、見違えるように上手になった。そこで、もう一度大川君を指名する。

彼は立ち上がって背すじをぴんと伸ばし、大きく息を吸いこんで読んだ。うまい。

声の出し方、読む速さ、声量、口のあけ方すべて、初めの読み方に比べるとぐんと向上している。クラスの子ども全員が拍手を送る。

「うまくなったねえ、大川君。すごいじゃないか。合格、合格。大合格だよ」

「初めはね、下手でもいいの。先生の言うことをよく聞いて練習すれば、こんなに上手に読めるようになるのね。よかったね。おめでとう」

私は、こう言って大川君を励ました。このことばは、単なるお世辞ではない。「うまくなったねえ」と言ってほめている。

つまり、本人の成長を「自覚させ」ているのである。ここが肝腎である。
・自分は向上した。
・自分は上手に読めるようになった。
・自分は伸びている。
というように、自身の成長を自覚できることほど嬉しいことはあるまい。

泳げなかった子どもが泳げるようになったとき、泳力が上がり、タイムが縮まったとき、とびこせなかった高さの跳び箱が、とうとうとびこせたとき、子どもは、だれでもとびあがるほど喜ぶではないか。

また、「よかったね。おめでとう」という言い方にも注意してほしい。これは、本人の成長を、共に喜び、祝福することばである。子どもにとって、先生が一緒に喜んでくれるというのはかなり嬉しいことに違いない。

ほめるというのは、ある距離を保って評価することであるが、共に喜ぶという場合には、両者は密着し、相互の距離がゼロになる。子どもは、教師をより身近に感じるに違いない。

大川君が、家で何度も「大きなかぶ」を読む練習をしたのは、自分の成長、向上を自分ではっきりとつかめたからに違いない。

自分が成長することは、自信を持つことにつながる。そこには「快感」というプラスの感情がつきまとう。

今まで、国語の本を家で読むことはむしろ「苦痛」であったのかも知れない。それは、いくら練習しても目に見える向上がないというあきらめがもたらすマイナス感情が支配するからである。

しかし、今度は違う。現に大川君は、家で何度も読み方を練習し、しかもその成果は、担任も驚くほどに表れている。すばらしいことではないか。

これは、小さな、小さなできごとに過ぎない。しかし、学習意欲を高める原理は、こんな小さなことの中にも、鮮やかに存在している。

その原理とは「自己成長の自覚をさせる」ということである。子どもの学習意欲を高める鍛え方の、第二のポイントは、したがって、

伸びを自覚させ、成長を共に喜べ

ということである。

3　できないときこそ「しめた」と考える

子どもの状態が次のようであった場合、教師は普通どのような心証を抱き、どのような気分になるであろうか。

・教材に子どもが好感を持っていない

A

・ある問いに対する子どもの反応が悪い
・思ったよりも理解の程度が浅い
・子どもがやる気をなくしている
・子どもにとって抵抗が大きすぎる

また、反対に、子どもの状態が次のようだった場合、教師は普通どのような心証を抱き、どのような気分になるであろうか。

B

・子どもが教材に強く引きつけられている
・問いに対して子どもが望ましく反応する
・思ったよりも理解の程度が高い
・子どもはやる気十分である
・子どもにとっての抵抗があまりない

一般的には、次のような反応になるのではあるまいか。

Aに対して

・不安になる
・やる気をなくす
・いやになる
・むずかしい
・楽しい授業にはなるまい

Bに対して

・しめた
・よし、いける
・これならやさしい
・よい授業になろう
・楽しい授業ができよう

このような教師の心証傾向は、ごく普通に見られるものである。しかし、このような心証を、教師が持っている間は、子どもの学習意欲を高めることはできない。

以下に私の考えを述べてみよう。

⑴子どもがやる気をなくしているときに教師がやる気をなくしたらどうなるか

教師は、いつも子どもにとって憧れでなければならない。教師を見れば、気持ちも晴れて元気が出てくる、ということでなければならない。子どもの気持ちがスポイルされているときに、教師もともにスポイルされてしまったのでは話にならない。

子どもが、そんな状態にあるときにこそ、教師は奮起しなければなるまい。いや、むしろ、子どもがスポイルされているからこそ、それを勇気づけ、励まし、善導していく必要があるのであり、実は、そのためにこそ教師は存在するのである。

そして、教師の喜びは、スポイルされているような子どもたちをこそ立ち直らせるところに存在する。やる気のない子にやる気を湧かせるためにこそ教師は必要なのである。

だから、子どもがやる気をなくしているなと読みとれたときには、むしろ教師は、しめた、と思わなければならないのである。今に見ていろ、この子どもたちを夢中にさせて見せるから、というファイトを持つべきなのである。

(2)子どもが、学習の始めから学習内容に好感を持ったり、十分なる理解をしていたりしたらどうなるか

こんな場合には、喜ぶどころか悲しまなければならない。第一、もう授業の必要がないではないか。いまさら、教師が何をする必要があるというのだろう。教師の指導技術の腕をふるう余地などまったくないではないか。

しかし、一般には、子どものこういう状態が教師に歓迎されている。何とも奇妙な現象

と言わなければならない。

このような、誤った思いこみが、どれほど子どもにとって迷惑なものであるかを、改めて私たちは考えてみる必要がある。

子どもたちは、未完成だからこそ学校にくるのである。わからないからこそ教えてもらうために学校にやってくるのである。そういう状態で学校にやってくるのが、むしろ最も理想的な姿なのである。

しかし、そういう理想的な状態で学校に来ると先生に迷惑がられるというのでは、子どもはどうしたらよいのであろう。理想的な子どもが迷惑がられ、一部の、学校にくる必要のないような上位児が教師に歓迎されるとしたら、これほど不幸なことはあるまい。ところが、その不幸が一般に常識として広まっていはしないか。

子どもの学習意欲を高めるためには、まず教師の考え方を改めなければならない。子どもが望ましくなければないほど、教師は喜ぶようにならなければいけないのである。

(3)子どもにとって抵抗が大きいほど授業はおもしろくなる

小学四年生に「徒然草」第十一段の原文を、そのまま与える。

「読んでごらん」

と促す。子どもは首を横にふる。

「読めません」

と言う。そこで、私が次のように言う。


「今は読めない。しかし、十五分後には、すらすら読めるようになれる。どうだい。やってみるか」


こういう私のことばに対して「嫌だ」と言う子どもに私は今まで出会ったことがない。どの子も、例外なく、

「やる、やる」

「やります」

と答える。

私は、これに応えて、一文節ずつ区切りながら範読をする。子どもが一文節ずつ私の読みに倣って追い読みをする。うまくいかないところはくり返して教える。うまいところはほめる。声をそろえて、大きく、力強く読む。

神無月の頃、／栗栖野といふ所を過ぎて、／ある山里に尋ね入ること／侍りしに、／遥かなる／苔の細道をふみわけて、／心細く住みなしたる／庵あり。／木の葉に埋もるる／……

そして十五分後、もう子どもたちのおおかたは、すらすらと読めるようになる。

「読めた、読めた」

「読めるようになった」

と、子どもたちは大喜びである。

そこで私は、次のように言う。

「すごいじゃないか。実は、この文章はねえ、高校の二年生の教科書に出ているものです。小学校の四年生のみんなが、こんなに上手に読めるなんて、実は先生は思ってもいなかった」

「すごいじゃないか。よくがんばったねえ。もう高校生に負けないくらい上手に読める」

「初めは、誰も読めなかった。それが先生と一緒に勉強したら読めるようになった。このように、できなかったものができるようになっていくことを、向上とも、進歩とも言う。みんなは、大いに進歩した。大いに向上した。よかったね。おめでとう」

子どもたちは、このような私のことばを聞くと、きっと言う。

「もっとやろう、先生」

「もっと教えて」

このようにして子どもの学習意欲が高まるのである。「子どもにとって、抵抗の大きいものほど、授業はおもしろくなる」のである。

以上の例からもわかるように、学習しようとする内容が、子どもにとってつまらなく、むずかしく、子どもがやる気をなくしているようなときこそ、まず教師が「しめた」と思わなければならないのである。

そして、このことは、実は、子どもにもそのように思わせなければならないことがらである。だから子どもにも言った方がよい。耳にたこができるほど、折に触れてはくり返し、子どもと教師の合言葉にするとよい。

・わからないときこそが、伸びるチャンスだ
・できないときこそ、「しめた」と思え

このことばの意味が、体験を通して本当にわかったとき、子どもは驚くほどの学習意欲を燃やす。なぜならば、世の中には、わかっていることよりも、わかっていないことの方が、はるかに多く存在するのだから。だからこそ、私たちの人生は面白くてたまらないのだから。

4 できない、という劣等感をとり払う

できない、わからない、と言って悲観している子が意外に多い。できないこと、わからないことは、恥ずかしいことだと、そういう子どもたちは思っている。

そう思っている子どもたちは、下らぬ通念の犠牲になっているのである。それが、私には気の毒でたまらない。

一方、そんなことで気持ちを暗くしていることのばかばかしさに気づかないことにも不甲斐なさを感じている。そんなことで悩むのは、見当違いなのである。

本当に恥ずべきことは何か、ということを子どもたちに教えてやらなければならない。本当に恥ずべきことは、「できない」ことではなく、

できないことをそのままにしておくこと

なのである。あるいは、

できないことを隠そうとすること

なのである。これらのことをきちっと子どもに教えこめば、学習意欲を高めることができる。

私の授業では、

「どうもよくわからない、そういう人は手を挙げよ」

というようなことをよく言う。よくわからない子どもたちは、ためらうことなく手を挙げる。手は、堂々と、きちっと挙げさせる。

それを見届けた私は必ず次のように言う。

「たいしたもんだ。自分がよくわかっていないということが自分でわかるというのはとても大切なことなのだ。わかるんだか、わからないんだか、わからない、というのが一番いけない」

わからない、ということで手を挙げた子どもたちはこのことばでにこにこする。続けて私は言う。


「今はわからなくてもいい。十五分もすれば必ずわかるようになる。いや、ちゃんとわからせてみせる。楽しみにしておいで」

手を挙げた子は頷いてにっこりする。以後の学習に期待を持つ。意欲を湧かせる。

授業の途中で一区切りついたときに、

「どうだい。わかってきただろう。少しわかってきたという人は手を挙げなさい」

わからなかったと言った子どもも、おおかたは了解して手を挙げる。それを見届けて、

「よかったね。おめでとう」

と、私はつけ加える。

まだ、よくわからない、という子もいる。そういう子には次のように言う。


「そうか、まだ十分にはわからないか。しかし、それはそれでよい。だんだんわかってくるから心配しないでよい」

わからないことがあった場合に、それをわかるようにしてやるのが教師の仕事である。教師の働きかけによって、わかるようにしてやれることもあれば、中には、そうはいかない場合もある。一度でわかる子もあるし、二度、三度と教えなければわからない子もある。それは仕方のないことであるし、それは、それでよいのである。

「まだわからないのか、君は。何度教えたらわかるんだい」

などと、子どもを責めることは、百害あって一利もない。誠意をもって熱心に教えることは大切なことだが、熱心さのあまり偏狭になってはいけない。

気長に、心穏やかに、じっくりと時機の熟するのを待つという心構えもまた大切である。いらいらしても、能率が上がるわけではないのだから。

5　授業をおもしろくする

人は、何に対して行動を起こそうとするだろうか——。私は、長いこと、そのことを考え続けてきて、今一つの結論を得た。

人を行動に駆りたてる動機には二つある。

一つは「必要性」である。そして、もう一つは、「おもしろさ」である。

腹が痛くなれば、横になろうとする。それでも痛みがとれなければ医者のところへ行く。薬も飲む。疲れれば眠る。ひもじくなれば物を食べる。これらはすべて、「必要性」が行動を起こす原動力になっている例である。

高校受験に備えて勉強する、というのはこの類である。高校に合格しなければならないという必要性が、ともかく「勉強」という行動に駆りたてるのである。

宿題を出して勉強させるというのもこの類であろう。宿題をやっていかないと叱られる。叱られないようにする必要上、宿題をやっていくことになるのである。

子どもが、もし、本当にある必要性に目ざめて勉強を始めたとすれば、これはすばらしい結果を生むに違いない。

子どもの学習意欲を引き出し、高める一つの手だては、子どもに、勉強することの「必要性」を自覚させることである。

しかし、子どもというものは、なかなか、その必要性は感じないものである。そういう必要性を感じないのが子どもの特質でもある。必要性を自覚して学習意欲を燃やしているのは、ごく上位の一部の子どもに限られるのが一般である。

人をある行動に駆りたてるもう一つの動機は、「おもしろさ」ということである。

ゴルフにおもしろさを感ずる人はゴルフにいく。カラオケにおもしろさを感ずる人はカラオケで歌おうとする。本を読むのが好きな人は、本を読むのがおもしろくてたまらないのである。

学校に行こうとしないで盛り場をうろついている子どもがいる。彼らは異口同音に言う。

「学校なんかおもしろくない」

「こっちの方が、よっぽどおもしろい」

人を、行動に駆りたてる動機の二つめは、この「おもしろさ」である、と私は考えている。これは、けっして軽んじてよいことではない。考察を加えるべき重大課題の一つである。

子どもの学習意欲を高めるには、どうしても授業をおもしろくしなければならない。子どもが、授業を「おもしろい」と感ずるようになれば、学習意欲は必ず高まること請合いである。

むろん、おもしろいということは、おもしろおかしい、ということではない。低俗なギャグなどでおかしがらせることではない。

授業における「おもしろさ」は、当然、知性的なおもしろさでなければならない。

わかりやすい
伸びていくことがわかる
自分のまちがっていた理由がわかった
どこがよく、どこが悪いかがわかってきた

というようなことが連続していけば子どもは授業をおもしろく感ずるようになる。

授業におけるおもしろさのもう一つのポイントは、教師の明るさやユーモアという点である。一時間四十五分の授業の中で、一度や二度、クラスじゅうが腹をかかえるようなことがなくてはいけない。真剣も結構だが、相手は生まれて十年前後の、たかが「子ども」であることも忘れてはならない。

注意散漫で、あきっぽく、落ちつきのないのが子どもの本来像である。これを「困った奴らだ」と思うようではよい教師にはなれない。「かわいらしいなあ、実に！」と思えるような心のゆとり、豊かで、広い愛の心がなければならない。

品のよい冗談、善意に満ちたからかい、巧まざるユーモア、屈託のない笑いなどが適度にちりばめられた授業を目ざしたいものである。

授業者は、ある意味ではスターである。全身からかもしだされる巧まざる明るさが大切である。——無表情な授業者、これは何ともいたたまれない気持ちになる。無表情ということは、つまり心に起伏のないことである。そんな教師に四十五分付き合わされる子どもはたまったものではない。

四十五分とはいうが、それが一日じゅう続き、昨日も、今日も、明日もと一年も続けば普通の子どもならば学校が嫌いになる。授業を嫌うようになる。それはむしろ健全な心の証拠でさえある。

授業者は、すべからく表情豊かでありたいものだ。明るく、ユーモアのある、楽しい授業を心がけよう。授業をおもしろく感じさせられれば、子どもの学習意欲は必ず高まり、充実した授業が展開されることになる。

6　授業を個別化する

幼い子どもを抱いたり、おぶったりしていると、下りたがってむずかることがある。階段などを下りるとき、危いから手を引いたり、抱いたりしてやろうとすると、その手を振り払って、幼い子どもが自分で階段を下りようとする。

このような光景に出会うたびに、「自己実現」ということばが頭をかすめる。「自らの生をどう実現するか」ということが、自己実現の課題である。自ら向上しよう、自ら成長しようという基本的欲求に根ざしたエネルギーは、自ら行動することによってしか発散されはしない。人に代わってもらったのでは、自己実現にならないのである。幼児が保護者の援助を振り切って、自ら歩もうとする姿勢の中に、私は、子どもというものの成長欲求を見る思いがする。

授業を受ける子どもについてもこのことがあてはまる。教師や友だちの話や行動を、ただ見ているだけでは何とも退屈でやりきれない、というのが普通の子どもの心理である。

ちょっとの時間があればいたずらをする。ちょっとの時間があればおしゃべりを始める。少しの間もじっとしてはいられない、というのが子どもである。授業でも、子どもの持っているこのような自己実現欲求を保障してやらなければならない。

ところが、授業は、教師一人と三、四十人の子どもたちとで行われている。全員の自己実現はなかなか保障しおおせるものではない。したがって、何人かに言わせ、何人かにやらせ、何人かに書かせて授業を進めていくことが多い。

話し合い学習などでは、ごく一部の数名の子どもの発言で授業を進めてしまうのが一般である。その他の大多数の子どもは多く「傍観者」の位置に置かれがちである。

傍観的な立場に置かれた大多数の子どもたちに、学習意欲の昂揚を期待するのはむずかしい。では、どのようにすればこれを防ぐことができるのだろうか。

私が常に用いる方法は「作業化」ということである。ひとりひとりに、しょっちゅう手作業を命じ続けながら授業を進めていく方法である。

たとえば、ある児童の発言があったとする。その発言に対して、ノートに、

「なるほどなあ、と思ったら○を書け」

「少しおかしいぞ、と思ったら×を書け」

というように指示するのである。こうすることによって、全員が、ひとり残らず、○か×かのいずれかをノートに書かなければならなくなる。傍観者ではいられなくなるのである。○を書くのも、×を書くのも、それ自体はたやすいことであるが、○か×かを決めるのはたやすくはない。よくよく考えなければならない。また、○にせよ、×にせよ、書いた後には、理由の説明を私が求めるのが常なので、子どもたちはでたらめに○や×をつけるわけにはいかない。

これに類した方法はいろいろとある。

・五人の中でいちばんすぐれた意見はだれのものか。名まえを書きなさい。
・ひとつだけ、明らかに誤りだという発言がある。だれのものか書きなさい。
・もし自分ならどうするか。ノートに書いてみなさい。

このような方式を、一時間の授業の中にたくさんとり入れるようにするのである。そして必ず机間巡視をするのである。こうすれば、だれ一人傍観者にはなり得ない。授業に主体的に参加せざるを得なくなるのである。

大切なのは、「ノートに書く」という作業の形をとらせることである。挙手させて指名する方法では、多くの傍観者が生まれてしまう。また、個性的なひとりひとりの考えが消されてしまう。個性的で風変わりな反応もまた授業を活性化する大切な資料になるのに、それが表面に出なくなる。だから、ノート作業をさせることがポイントなのである。

いかなる授業でも、ひとりひとりの子どもが、どうしてもやらなければならない作業が常に用意されている、ということが大切である。これによって子どもたちは、授業に積極的にかかわることになり、そのことによって学習意欲を高めることになるのである。

4章

発表技術を高める鍛え方

4

・このクラスの子どもたちは発言しなくて困る。
・発言する子がいつも決まってしまう。
・一部のお喋りの子どもに、とかく授業がかき回されてしまう。
・もっと多くの、そして、いろいろの子どもが発言してくれるといいのだが。
・発言する子どもが少ないので、授業がうまくいかなくて困る。

このような悩みをよく耳にする。こういう悩みを持っている教師はきわめて多い。あるいは、こういう悩みを持たない教師はいない、という方が適当かもしれない。要するに、

子どもが思うように発言してくれない

という悩みである。

ところで、子どもは、本当に「発言してくれない」のだろうか。——そんなことはない。休み時間の賑やかさ、外で遊ぶときの大声、遠足のバスや電車の中での騒々しいほどの

お喋り、「静かにしなさい」「口を結びなさい」といくら言っても静かにならない子どもたちのあのエネルギー、――そのすさまじさ。

子どもたちは、けっして「発言しない」のではない。子どもたちは、本当は、

発言したくて、発言したくてたまらない

のである。それが子どもの本音であり、自然な姿である。――しかし、それを阻んでいる何かがある。だから、子どもたちは、その「何か」のために、話せないし、話さないのである。こういう認識をすることが、何にも増して、まず大切である。

子どもたちは、話したがっているのである。発言したがっているのである。

このような素地が子どもにあるのだから、教師の指導によって、どんなクラスでも、子どもは、生き生きとして、喜々として発言するようになるはずである。そのように、子どもを鍛えていけばよいのである。以下に、その鍛え方のポイントを示していくことにしよ

う。

1　発言してよかった、と思わせる

なぜ、発言しないのか、という理由を調査してみるとよい。その、トップを占める理由は何であるか。それは、要するに、

間違うと恥ずかしいから

ということである。おそらくこれは、どこの学校でも、学級でも、同じ反応になるであろう。

幼な心は、すでに「恥をかくまい」としてガードし始めているのである。何とも、いたいけなことではないか。我々は、まず子どもたちに恥をかかせてはならない、ということを銘記しようではないか。たとえ、その発言に誤りがあったとしても、である。

・一所懸命発言したのに笑われた。
・間違ったことを言ったら、後でからかわれた。
・自分の思うことを言ったのに、友だちから攻撃を受けた。
・間違った答を言って大恥をかいた。

このような体験をした子どもは、二度と発言はするまいと思うようになる。このことは、おとなにだって言えることだ。こんな思いを発言者に持たせないように、授業運びをしなければならない。

しかし、誤りは誤りである。誤りをはっきり誤りとせずに曖昧のままにするのは望ましい教師のあり方とは言えない。大切なのは、

誤りだとわかることは大きな進歩である

と、心底から思わせることである。それは、恥ずかしいどころではなく、むしろ、喜ばしいことである、というように子どもたちの考え方を変えてやることである。

たとえば、次のようなことばをしばしば教師は子どもたちに言うとよい。

・間違いだ、ということがわかってよかったね。もし、発言しなかったら、それを正しいと思い続けていたかもしれないよ。
・こんなによい話し合いができたのは、山下君の発言のおかげです。ありがとう。
・よりよい考え方を生み出すためには、どうしても対立する二つの考えが必要になります。どっちが、なぜすぐれているのかということを考え合い、話し合っていくことによって、よりよい考えに到達できるのです。その意味で、山下君の発言はすばらしい役割を果たしてくれました。
・山下君の考えは間違いでした。しかし、そう考える人がいる、という事実はとても大切なことです。なぜ間違いなのかがわかってよかったね。

実際問題として、教室の中にもし、正しい意見、正しい考えだけしかなかったとしたら、授業は何とも味気ないものになるに違いない。話し合いや吟味や検討をするおもしろさはまったくなくなってしまうであろう。すべての子どもが正しい答を出した場合、あえて教師が誤答の側に立ってゆさぶりをかけることさえあるではないか。それほど「誤答」は、よりよいものを生産するうえに欠くことのできない貴重な宝物なのである。

その貴重な資料を提供してくれた子どもには、最大の感謝とねぎらいと賞讃を与えることこそが本来ではないか。

いわんや、そういう功績者に対して、恥をかかせ、失望させ、二度と発言はするまいなどと思わせるに至っては、言語道断である。

発言者に恥をかかせてはならない。発言しなければよかった、などという悔いを残させてはいけない。

発言してよかった、やはり言わなければいけない、と思わせるようにしよう。それは、指導者の考え方ひとつで可能なことなのである。

2　正解よりも変容をほめる

とかく、よい答を出した子どもをほめたくなる。正しい答が出せた子どもをほめたくなる。このような傾向を、仮に教師の

正解志向

と呼んでおくことにしよう。

授業で大切なのは、子どもたちを変えることである。子どもたちに向上的変容をもたらすことである。正解を出すことよりも、よりよく変わることの方が大切なのである。このような考え方を、ここでは、

変容志向

と呼んでおくことにしよう。

正解志向のタイプの教師の教室では、九十点や百点をとった子がほめられる。授業場面

でも、九十点、百点の答を出した子がほめられることになる。そういう子どもが大切にされることになる。

　これに対して、変容志向のタイプの教師の教室では、二十点、三十点しかとれない子どもが大切にされる。なぜ、そういうことになるか。

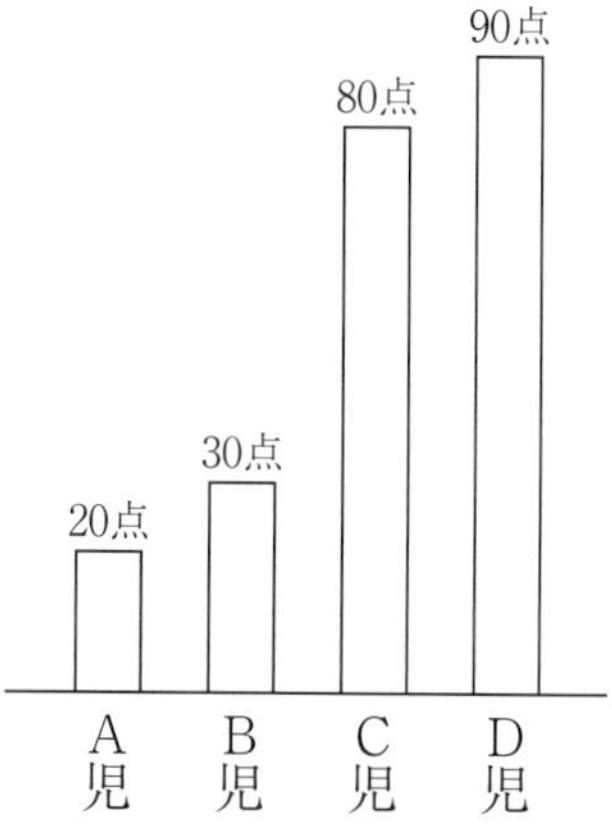

図1　期待正解率

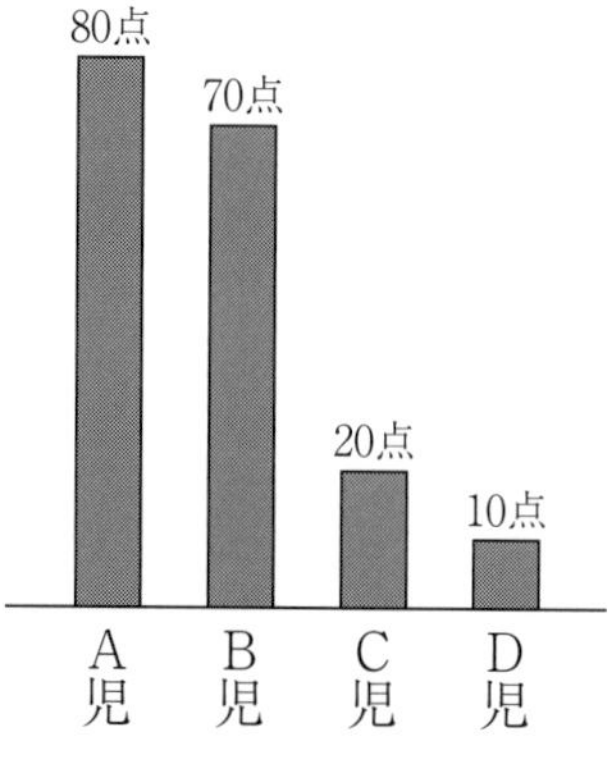

図2　期待変容率

　図1では、A・B児は、あまり振るわない子であり、C・D児が優生である。C・D児は頭がよく、機転もよくきき、成績もよい。授業が始まる前から、本時の学習内容については、正解を出すであろう期待値が八十点、九十点と高い。

　A・B児はそういかない。授業が始まる前は、ほとんど何もわかっていない。

図1を、このように見ると、授業における活躍は、C・D児が中心になり、A・B児は傍観的な立場に立たされそうに思われる。このような見方は、誰にでも頷けるであろう。長い間、そのような考え方がなされてきていた。しかし、実はそうだからいけないのである。

図2は、ちょっと変わった図である。ここでは、優生のC・D児のグラフが低くなっている。なぜであろうか。

すでに、授業の始まる前から九十点の正解率を期待できるD児が、本時に伸びるであろう変容の幅は、わずかに十点しかない。せいぜいこの時間に、D児には十点の変容幅しか期待できないのである。C児には、二十点の変容幅しか期待できない。

これに対して、A・B児には、それぞれ、八十点、七十点の向上的変容幅が期待できるわけである。

授業を始める前と後とで、大幅に伸びた子どもと、あまり伸びなかった子どもと、教師は、いずれを賞すべきであろうか。言うまでもなく、大きく伸びた子どもをほめるべきであろう。この論理を否定する者はあるまい。

しかしながら、実際は、成績上位の子ども、よくできる子ども、つまり、伸び率の低い子どもがほめられて、伸び率の高い、成績下位の子どもがほめられずに終わっている。これはどう考えても不合理きわまることではないか。

われわれ教師は、正解や正答よりも、揺れや変容をこそ大切にしなければならない。そのように、教師自身の授業観の転換を図るべきではないか、と私は強く考えている。こういう授業観に基づいて子どもを鍛えていけば、子どもたちは、発表を億劫にはしなくなる。むしろ自ら進んで変わろうとし、積極的に発言をするようになってくること請合いである。

3　多様な答を引き出す問いを出す

子どもがいろいろのことを、自由に、多く発言するためには、発言したいと思う内容がなければならない。友だちの発言内容と同じであれば、何を今さら改めて、同じことをくり返す必要があろうか。

たとえば、「大きなかぶ」の授業で、

「おじいさんは何のたねをまきましたか」

と問えば、

「かぶのたねです」

という答の外にはない。一人の子どもがそう答えれば、他の子どもは、

「同じです」

「いいです」

「さんせい」

などと言って、あとはもう出てこない。教師は、仕方なく次の問いを出さなくてはいけない。これが、いわゆる一問一答式の授業であり、話し合いの発展が生まれない。


子どもに、多くの、多彩な発言をさせて、思考力や感受性を養おうと思うなら、教師の発する問い自体を変えていかなければならない。一つの問いをめぐって、それぞれの子どもの、読みとりの深浅や、感受性のありようが反映してくるような問いにしていかなければならない。

たとえば、「大きなかぶ」では、次のような問いを出してみることにしよう。

「おじいさんは、何と言っておばあさんを呼んだでしょう。ノートに、そのことばを書いてごらんなさい」

おじいさんがおばあさんをどう呼んだのかは、本文に書かれていない。したがって子どものひとりひとりが、書かれている本文、書かれている状況を手がかりにことばを作り出さなければならない。この問いに対しては、たとえば次のようないろいろな答がノートに書かれることになる。

a　おばあさん。かぶをぬいておくれよ。
b　おばあさん。とてつもなく大きなかぶができたよ。わし一人では、とてもぬけないよ。手つだっておくれ。
c　わしは年をとったらしく力がなくなった。手つだってくれないか。
d　かぶをぬこうとしてがんばったんだが、とてもぬけそうもないよ。おばあさん、ひとつ力をかしてくれないかね。
（以下省略）

このように、いろいろの答が多様に生まれてくるということ自体が、ひとりひとりの主体的な読みとりを促している証拠である。

これらを、単に、ひとりひとりに発表させて終わったのでは、「発表技術を鍛える」ことにはならない。これら、相互の比較、検討、吟味によって、よりよいもの、妥当性を欠くものなどを明らかにしていく話し合いが必要になるのである。

ａは、舌足らずであり、かぶをぬく仕事をおばあさんに交代してもらいたいように聞こえる。ａの答に賛成するような子どもたちでは読みの力は育たないであろうし、話し合いも活発にはならないであろう。

ｂは、文脈をよく理解している妥当な答であると言えよう。「とてつもなく大きなかぶができたよ」という一句を入れたことは、この子の注意深い読みとりを裏づけている。

ｃは、おじいさんらしさをよく出してはいるが、「年をとったらしい」とだけ限定しては、かぶの大きさの表現が稀薄になってしまう。話し合いによってその点を補ってみる必要があるだろう。

ｄは、「かぶが大きい」ということは一言も言っていないが、自分のことばでそのことを十分に言い表している。自分のことばで味わった読みとりをしている点によさがある。

ａからｄまでの中で、

・いちばんよい答はどれですか。

・おかしいぞと思われる答えはどれですか。

などという問いを出せば、子どもの読みとりは、さらに精度を増したものになるであろうし、また、発表技術もそれに伴って鍛えられることになるであろう。発表技術を鍛えるためには、当然発問の工夫も必要になってくるのである。

4　短く、ずばりと言わせる

詳しく話せば、よりわかりやすくなる、と思っている人がある。そういう人の方が多い。しかし、これは間違いである。大人でも、子どもでも、質問でも、答弁でも、詳しいほどわかりにくくなる。長く喋る人ほど、何を言っているのかわからなくなるものである。

本当に物がわかっている人の話は短い。ずばりと核心をついて明快である。短く、明快だから、誰が聞いてもよくわかるのである。

短く明快に話すためには、話す内容をよく整理しなければならない。夾雑物を捨て去り、骨格だけで話を組み立てるのである。

しかし、話の内容を整理する、ということは、そうたやすくはできない。大人にだってできない人がいっぱいいる。いや、むしろ、おおかたの人は、整理した話ができない、と言った方が当たっているだろう。

そこで、そんなむずかしいことを、子どもに要求することは止めて、端的に、次のようにだけ言えばよい。

発言は、ずばりと、一言でせよ

この一事に徹するように子どもを導くのがよい。長々と喋り出したらそこで止めさせるくらいにしつけるといい。時間を短く話させるのが、最も手っとり早い話し方の修練になる。発表技術を鍛えるには、短く話させるに限る。

短く話すことを常に要求すると、子どもたちの話し方は、だんだんと次のようになってくるものである。

- 箇条的に発言するようになる。
- 第一に、第二になどと、指を折りながら話すようになる。
- 短い文を、重ねて話すようになる。
- はっきりと、言い切るようになる。

・友だちの話し方に注意を向けるようになる。
・質問点に対してだけ答えるようになる。
・話すことを億劫にしなくなる。
・自分一人で時間を多くとってはいけないということに気づいてくる。

これらのいちいちは、そのまま、「鍛えられた発表技術」と言ってよいであろう。

大切なことは、これらが「身につく」ということ、「習い性になる」ということである。行動を通して、自然に血や肉にしてしまうことが大切なのである。

「箇条的に話しなさい」などと、口で言ってもなかなか子どもはそうならない。「ずばりと一言で話せ」と言えば、そうなる。

「はっきりと、言い切るようにしなさい」などと言っても、なかなか子どもはそうならないものである。

「ずばりと一言で言え」と言えば、そうなる。

「話すことを億劫にするな」などと言っても、なかなか子どもはそうならないものである。「ずばりと一言で話せ」と言えば、子どもたちは、だんだん、話すことを億劫にしなくなる。

なお、この一言は、是非とも職場の同僚間でも合言葉にするとよい。

授業後の協議会の一般的な姿を想起してほしい。「反省」と称して、長々と喋る同僚が何と多いことか。おおかた、たいして聞いていないものである。話している方が、話す中味を整理していないのだから、本人さえ何を話しているのかよくわかっていない。

話し手自身がよくわかりもしないことを長々と喋っているのだから、聞いている方は、聞いていたって、聞いていなくたってどうせよくわかりはしないのである。心の中では、「長い話だなあ。早く終わらないかなあ」と思っているのが一般である。

反省が終わると、「質問」になる。これもしばしば「長質問」が出る。何を質問しているのか、質問者にもよくわかっていない。だから長くなるのである。

それへの答弁がまた長い。何を尋ねられたのかよくわからないのに答弁をするのだから

長くなるのは当たり前だ。長々と、訳のわからぬことを「答弁」した後で、
「お答になったたか、どうか、よくわかりませんが……」
などと言う。阿呆らしい光景という外はない。

発言は、ずばりと、一言でせよ

これは、大人でも、子どもでも、是非とも身につけなければならない一事である。

5　挙手だけに頼らない指名をする

挙手した子どもの誰かを指名しながら授業を進行していく方式が、一般に広く普及している。この方式を疑ってかかる人も少ない。

しかし、「挙手――指名」という方式では子どもの学力は十分に伸ばせない。とりわけ、発表技術は伸ばせない。仮に伸ばせても、それは、挙手して指名された子どもだけである。

挙手しない子は、指名されないのだから、発表の機会も与えられない。この方式を疑い、

この方式から脱け出さなければ子どもの発表技術は鍛えられていかない。

教育学の世界的泰斗デューイは「なすことによって学ぶ」と言った。この言い方に倣えば、「発表することによって発表技術が身につく」ということになる。まず、何はともあれ、すべての子どもを発言しなければならない立場に立たせてみることが大切である。

そのための方法には、たとえば「**列指名**」という方式がある。前から順に、ひとりずつ、その列の全員に発言させる方法である。これならば、その列の全員に発言するチャンスが与えられる。

また、ある意見に対して、賛成か反対かをノートに書かせ、賛成派、または反対派に順次発言させていく方法もある。これを仮に、「**同類指名**」とでも名づけたらよいであろう。

本章の初めで述べたように、子どもたちのひとりひとりは

発言したくて、発言したくてたまらない

のである。だから、教師は、この潜在的欲求に応えるために、つとめて、ひとりひとりの子どもに発言のチャンスを与えるようにしなければならない。指名をされれば、それをきっかけにして子どもは発言を始めるものである。

しかし、むろんこのことゝて、指名のしかた、あるいはその内容の不適ということにあってはうまくいかない。むずかし過ぎる問い、何を尋ねているのかわからないような曖昧な問いでは、子どもが答えられないのは当然である。

教師仲間の集まりでも、挙手をして発言をするような人は稀である。しかし、挙手しない人でも、指名をされればほとんどの場合は黙ってはいない。指名されれば、待っていましたとばかりに発言する人はたくさんいるのである。手こそ挙げはしないが、言いたいことはたくさんあるのである。発言するきっかけが与えられないから発言しないだけのことである。

この傾向は、大人にも子どもにもあてはまる。指名されれば多くの子は何かは話すものである。この事実を、授業者はよくよく承知しておくべきである。

6　多様な発言サインをキャッチする

教師の問いに対して、子どもが挙手によって発言を求める。これもひとつの「発言サイン」である。

発言サインは、挙手だけではない。次のようにいろいろと、多様な「発言サイン」を子どもは発しているのである。教師は、それらの多様な発言サインのどれに対してもキャッチできるようにならなければならない。子どもを鍛えるには、まず、教師自身を鍛えなければならないということになろうか。

発言サインには、次のような四つがある。

①　挙手
②　ノート
③　表情・動作
④　読み方

それぞれ、簡単に説明してみよう。

①　挙手による発言サイン

これについては、こと改めて述べる必要はあるまい。どんな教師でも、挙手した子どものだれかを指名するという形で、このサインを受けとめているからである。

②　ノートによる発言サイン

ノートに書かれていることは、子どもの発言そのものである。書かれていることを見ればその子の考えている中身が一目で了解できる。

誤ったことをノートに書いている子は、

「私は、こう思っていますが、これでよいのでしょうか」

という発言サインを送っているのである。

何も書いていない子どもでさえ、

「この問題は私には少しむずかしすぎます」

という発言サインを送っているのである。

大切なことは、それらのサインをキャッチできる力量が教師に備わっているかどうかである。

③　表情・動作による発言サイン

友だちの発言に頷く子がいる。その子は、

「そうだ、そうだ。賛成だ」

という発言サインを送っている。

首をひねっている子どもは、反対に、

「それは少しおかしいと思うよ」

という発言サインを送っているのである。

脇見をしたり、気の乗らない顔つきをしたりしている子どもは、

「むずかしくて、わからないよ」

「つまんないよ。こんな教え方では」

「もう、止めようよ、先生」

というような発言サインを送っているのである。

身を乗り出す子、だらりとした子、目を輝かせる子、それぞれの表情や動作が、それぞれに発言サインを送っているのである。

挙手による発言しかキャッチできない教師では、これらの発言サインをみんなのがしてしまう。力のある教師は、これらのすべてをキャッチして、生き生きとした授業を組織することができるのである。

④　読み方

読み方の巧拙、その表れもまた、ひとつの発言サインである。

「もっと読み方を丹念に指導してください」

「こんなに上手に読めますよ。登場人物の気持ちもよくわかっていますよ」

「ここのところは、こんな読み方でよいのでしょうか」

子どもたちは、このようにさまざまな発言サインを絶えず教師に向けて送り続けているのである。

教師は、これらの多様な発言サインを的確にキャッチできるように、自らを鍛えなければばならない。教師の見る目、聞く耳、感ずる心を、鋭く、豊かにしなければ、授業もまた生きたものにはならない。

7　まず、ノートに書かせる

「大事なかさを、お地蔵さんにかぶせてきてしまったのに、なぜお婆さんは、『いやな顔ひとつ』しなかったのだろうか」

と、問うたとしよう。この問いに対して、間もなく数名の子どもが手を挙げるであろう。そして、その中の誰かが指名されるということになる。これは、ごくありふれた教室風景であるが、こういう進め方をしているようではまだ、教師としては白帯である。

この進め方には、次のような問題点がある。

①　一部の上位児で授業が進行する。
②　手を挙げない子は指名されないので発言の機会はずっと与えられない。
③　そのような子どもは常に傍観者の位置に立たされて終わる。

④　手を挙げない子は決して考えていないのではない。しかし、授業の中では活躍の場が与えられない。

⑤　話し合いも、一部の有力な子どもの考えに引きずられ、歪められやすい。

これらの弊害を防ぐには、発問の後につとめて次のような指示を加えるとよい。

自分の考えをノートにずばりと書きなさい。

「ずばりと」というのは、一言で、短く、端的に、ということである。教師に問われたときに、口頭で答えるように気軽にちょっと書けばよいのである。問われたらまずノートに答える、というようにするのである。

何のことはないこれだけの工夫が、ひとりひとりの子どもにとっては、次のような利点を生むことになる。

- 全員が「発言」をしたことになる。
- 他人の考えに左右されない、自分の判断を持てる。

・書くことによって、その後の話し合いに主体的に立ち向かうことができる。
・話すこと、発言することの苦手な子、あるいは内気な子どももこれならば学習に参加できる。
・話し合いよりも、個性的で多様な反応が期待できる。
・机間巡視によって、ユニークな考えを発見し、効果的な指名の計画が立てられる。

これらのひとつひとつは、授業を進めていくうえできわめて有効な貢献をしてくれることがらである。一部のお喋り好きによって授業が流されていくのを防ぎ、ひとりひとりの発言力を鍛えていくのに大変有益である。是非とり入れられることをお奨めしたい。

8　言うべきときに、言うべきことを言わせる

言いたいことが自由に言えるような教室でなければいけない、とよく言われる。しかし、これは警戒しなければならないことばである。言いたいことを、言いたい者が言い合うことで、現代社会がこうむっている被害は甚大である。

民主主義とは何たるかがまったくわからない終戦直後のどさくさ期には、たしかにそれまで抑圧されていた言論や思想を表明し合う力をつけることには意味があった。しかし、今や、その時代は去ったと見たい。

これからは「言いたいことを言う」のではなく、「言うべきことを言う」時代にしなければならない。言いたいから言うのではない。言いたくなくても言わなくてはならない場合がある。言いたくても、言ってはならないこともある。それらをわきまえさせていくことが、これからの社会では必須の教育になるだろう。

授業においても同じことだ。言いたいことを、言いたい者が、言いたい時に言っているような教室ではいけない。言いたくないから言わないなどという身勝手な態度の中からは、民主主義は健全には成長していかないであろう。教室は、広い意味では、ひとりひとりの子どもに民主的な話し合いの技術や態度やルールを身につけてやるところである。

授業の中に、もっと、あるべき姿をとり入れてこなくてはいけない。気の小さい子も、内気な子も、不正の前には断固として発言しなければならない。それが勇気というものである。個人の気質の尊重は時に甘えを生み、身勝手な言語人格を形成しかねない。

外向的で多弁な子どもも、どんなに喋りたくても、自分の発言を控えて、他に譲らなくてはならないこともある。言ったことが相手の立場や心を傷つけるようなことになる場合は、どんなに言いたくても口を噤むべきである。個人の恣意がそのまま認められるような教室は、一見自由で明るく見えるかもしれない。しかし、むしろ、その背後にある問題点に対して、鋭い批判の眼を注ぐことが必要である。

9　無意味な発言推進策は用いない

ある教室では、個人の机の上に小さいカードがあって、発言するたびに○を記入するようになっていた。そして、「一時間に一度は発言しよう」という「週の目標」が黒板に書かれている。

また、ある教室では、発言を始めるときには必ず、「いいですか？」と、聞く者の注意を促し、発言の末尾を「……と思います。どうですか」というように結ぶことをしつけていた。こうすれば、聞く側の子どもたちが、「はい」と返事をし、「わかりました」と応えることになる。全員がこうして話し合いに「参加している」というわけである。

教室によっては、発言の末尾を、「わかりましたか」「何か質問はありませんか」という形にしているところもあった。いずれも、同工異曲と言うべきであろう。

また、ある教室では、発言が終わるたびに全員が拍手をすることになっていた。その発言がすぐれていても、下らなくても、とにかく、発言したことに対して拍手を送っているのである。

また、ある教室では、発言をし終えた子どもが、次に発言をする子の指名をすることになっていた。発言者が次の発言者を指名するというわけである。私は、宴会で隠し芸をさせている場面に似ていると思った。

また、ある教室では、ある発言が終わると、次に発言したい子が自由に立ち上がって発言をしていた。一度に五人も、六人もの子どもが立ち上がることがある。すると、お互いに顔を見合わせて、何となく力の強そうな、そしてぱっと立ち上がった子どもが発言をする。その発言が終わるや否やまた、五、六人がぱっと立ち上がり、顔を見合わせながら、発言のとり合いとも、譲り合いともつかぬことをするのだった。

また、ある教室では、……、もう止めよう。いずれも下らない。なぜこんなことが行われるのだろう。私には、どうしても納得がいかない。

これらの「工夫」が、いったい子どもの何を育てることになるというのであろう。形の上では、回数を重ねていき、慣れるにつれて、発言は「活発」にはなっていくかもしれない。しかし、そんな活発さに、一体どんな意味があるというのだろうか。

話し合いのしかたを鍛えるということ、話す力を高めるということ、発表力を鍛えるということは、やはり、いつでも、そこに、発言すべき「価値」や「必要性」や「意義」が自覚されていなければならないはずである。

価値や、意義や、必要性の稀薄な、回数だけの発言をさせ、それらに拍手を送るような軽薄な指導の中から一体何が育てられるというのであろうか。おそらくそこからは、やたら騒々しい、下らぬ饒舌屋が生まれるぐらいが関の山であろう。

方法を支える意義の検討、吟味を忘れた実践は、貧しく、かつ痩せている。ハウツーものが大はやりの時代である。ハウツーレベルでの教室実践ではいけない。「どう行うか」の前に「何のために？」という問いが是非ともなされなければならない。実践方法の工夫の背後には、それを支える「実践哲学」が必要なのである。実践哲学に照らして見れば、前出の諸例の軽薄さが誰にも頷かれるはずである。

5章

聞き方の技術を高める鍛え方

5

授業を進めていくうえでは、発言のしかたとともに聞き方の技術を高めていくことが大切である。発言のしかたと、聞き方とではどちらが大切かと対比するならば、むしろ聞き方の方が大切だということになろう。人はだれでも、話しているときよりは、聞いているときの方が何十倍も多いからである。また、学力はおおかたの場合、見たり、聞いたりという受容的な活動に依存して身につくものだからである。

聞き方の技術をたしかに身につけてやること、聞き方のしつけをすることは、このように頗る大切な指導であるにもかかわらず、あまり注意が払われていないのは残念である。発言のしかた、発表のさせ方というところにばかり関心が向けられてしまいがちなのは、ごく一部の発言者、ごく一部分の話し合い活動そのものに教師の目が奪われてしまうことによる。

教師が最も目を注がなければならないのは、一人の発言者であるよりも、その発言を聞いている大多数の子どもたちでなければならない。聞き方の技術が身についていない場合には、どんなにすぐれた発言がなされていても、それが学級の共有財産となりうる可能性は極めて小さい。

逆に、すぐれた聞き方を身につけている学級であるならば、わずかの発言も無駄にされることなく、学級の成員ひとりひとりの心の中に浸透し、確かな学力として定着されることになるであろう。

この章では、以上のような考えに立って、実践的な立場から「聞き方の技術の鍛え方」について簡明な提言をしてみようと思う。なお、聞き方に関する参考文献としては、「聞き方の理論」（斎藤美津子著、明治書院、昭和三九年刊）、「ことばの技術」（大久保忠利著作集第5巻、昭和五八年九月、春秋社刊）の二書が大変すぐれているので紹介をしておきたい。

1　分析的・批判的に聞かせる

人の発言や話を聞くときに、何よりも大切なことは、「ぼんやり聞いていない」ということである。本気で聞く、心を集中して聞く、ということが大切である。

その意味では、「聞く」ことは必ずしも、「受身」ではない。「聞く」ということは、自分の頭の中で、相手の発言に対して、その内容の当否、論拠の確かさ、客観性の有無、思いの深浅などを、常に評価し続ける、ということである。それは、言うまでもなく、能動的で、積極的な行為である。

先入観を捨て、雑念を去り、素直な心で、まずは相手の発言に耳を傾ける、ということは聞き方の大原則であり、大前提である。しかし、それは、無批判に何でも受け入れるという、相手任せの、没主体的な聞き方を是とするということではない。よいところをよしとして受け入れ、疑問は疑問として問いただし、誤りは非として指摘していくことが、望ましい聞き方である。

子どもたちにも、そのような聞き方の態度、技術を身につけてやることが大切である。教室の子どもたちには、私は常に次のように話している。

なぜか?
ほんとか?
正しいか?

この三つを、いつも頭の中において人の話を聞きなさい。そして、わからないことは尋ねなさい。はてなと思うことは確かめなさい。誤りだと思うことは指摘しなさい。――と話している。これらを、行動の裏づけを持って実践するようにと子どもに奨めている。

ぼんやりと、傍観的に、どっちでもいいやという態度で、人の話を聞くのはいちばんいけない。

それは第一に話し手に対して失礼である。真剣に聞くことが話し手への礼儀であり、作法である。

第二に、それは自分にとって大きな損失である。価値ある情報をのがすことになり、せっかく自分の思考力や判断力を高められるチャンスを、みすみす捨てることになる。大きく伸びられる貴重な機会を、むざむざ捨ててしまうことになる。こんなにもったいないことはない。

子どもたちに、このようなことばで語りかけるのである。しかも、それは、折に触れ、時を選んで、繰り返し、繰り返し話してやらなければならない。人は、大切なことでもすぐに忘れるからである。ちょっと油断をし、手ぬきをすれば、すぐ元に戻ってしまうからである。

2　「なぜか」に強くする

およそ思考力を高めていくうえで、理由や根拠を問うことほど大切なことはあるまい。大人も子どもも、常にある行動をしている。行動の背後には、そのように行動せしめる判断があり、判断のさらに背後にはその人の人生観、感覚、良識というようなものがある。行動の背後にあるこれらのことがらと行動とが、論理的に首尾一貫して説明できる場合がある。また、そうでない場合もある。むろん、説明できる場合の方が望ましい。説明できない場合には、その行動はしばしば第三者に奇異な感じを与える。支離滅裂だということにもなる。

すぐれた行動、価値ある発言、深い思索には、必ず「説明可能な理由や根拠」がある。また、理解しがたい行動、発言、思想に出会うと、私たちは、その真意を探ろうとして必ず「なぜか」と問う。「なぜか」という問いこそが「論理性」を求める出発点であり、また、終着点でもある。

授業の中で、最も多いのが「なぜか」という問いであることは誰にも明らかなことであり、それは至極当を得たことである。だから、子どもたちに「なぜか」という問いを常に投げかけ、この問いに対して理路整然と、「それは、こうこうだからです」と述べられる力をつけてやることは、非常に大切なことである。論理的な思考力を高めるうえにも、科学的な認識力を高めるうえにも、必要にして、欠くことのできない問いかけが「なぜか」という問いである。

ところが、一般に子どもたちは「なぜか」と問われることに弱い。「なぜか」という問いに対して鍛えられていない教室の子どもたちは、おおかた次のように答えてすわってしまう。そして、教師もまた、それ以上は追求しようとはしない。

・わかりません
・何となくそう感じました
・そんな気がしたからです

このようなレベルで授業をしていたのでは、いつまでたっても子どもの論理性は育たないし、思考力も練られはしない。もっとも、場合によっては、これ以上の追求をすることには無理があり、意味のない場合もある。そういう場合は、むろんそのままにしておいてよい。

しかし、私の教室では、普通そのままにはしない。そして、子どもに次のように言うことにしている。

「なぜか」に強くなりなさい。どうして、自分はそう考えたのか。そう感じたのはなぜなのか。それを、ぎりぎりと自分に問うてみるのです。進歩は、そこから生まれるのです。

「そのときから、脳みそのしわがふえるのです」とも言う。「学力が伸びるのは、そのときからです」と言うこともある。

とにかく、教室の子どもたちを「なぜか」に強くしない分には、質の高い授業は望めない。「『なぜか』に強くする」ということは、あいまいなことをそのままにしてはおかない、という知的正義感を高めるということでもある。何とかわかろうと努力する知的正義感を高めておかなければ、そもそも知的であるところの学力は育ちはしないであろう。学力向上は望むべくもない。

たどたどしくても、曲がりなりでも、よし、仮にその答が誤っていようとも、「なぜか」に答えて「こうこうだから」と言えたならば、言えたこと自体を大いにほめてやるとよい。「よく考えた、その態度がいい」「その心がけが立派である。よくがんばった」こんなふうにほめてやるのである。――ただし、その答が正しいか、どうかはこれから考えることだが――とつけ加えることも忘れてはいけない。別項でも述べたように、正解をほめるのでなく、「変容」をほめること、正解者をほめるのでなく、努力、意欲、姿勢、態度をほめていくようにすることが大切なのである。

3　聞きながら指を折らせる

話し手の話の中身をつかませるには、「いくつのことを言っているのか」という点を意識させるとよい。「それから」「また」「もう一つは」などという接続語でちょっと話が長く続くとき、話の節目ごとに指を折って話を区切りながら聞かせるとよい。

これは、読みとりで言えば段落を意識しながら読む、ということである。要約しながら理解する訓練を重ねることである。

むろん、話し手になった場合にも「指を折りながら話す」ということをしつけることがよい。これについては4章4節で述べている。話し手も、聞き手も「いくつのことを話すのか」という点に意識を向ければ、話はずっとわかりやすくなる。

話し方の訓練のできている教室では、

「三つの理由があります」

という具合に前置きして、

「一つめは……、二つめは……」
「第一に……、第二に……」
というように話せる筈である。このように話してくれれば聞き手としてはどんなに聞きやすいかしれない。

したがって、教室では、

言いながら指を折れ
聞きながら指を折れ

というようにしつけるとよい。

これが徹底すると教室の話し合いはぐんと能率的になる。こういう話し方、聞き方を鍛えておけば、自然に話し合いが短時間に、無駄なくなされるようになるのである。

- 短く話し、短く問う
- 端的に問い、端的に答える

というようなしつけが自然のうちに身につけられるようになってくる。

別の言い方をすれば、だらだらと節目なく話し、いつの間にか話題が横道に外れるというようなことがなくなってくるのである。

4 要するに……、とまとめながら聞かせる

どんなに高度で複雑な内容の話であっても力のある人ならば、相手の理解力に合わせて一言で、ずばりとその内容を伝えられるはずだ、という話を聞いたことがある。そうだと思う。

これを聞き手の側から言えば、どんな複雑な話の内容であっても、力があれば、一言でずばりとその話のポイントを要約できるはずだということになる。

テレビやラジオの司会者の中に、時にこのような抜群の要約力を持った人がいる。こういう人が司会をしてくれると、むずかしい話であっても、その骨格を要領よく整理してくれるので、素人にも大変理解がしやすくなる。有能な司会者は、話者の言わんとするところを的確に把握する要約力を身につけているのである。

授業の中でも同様である。聞き手は、「要するに、彼は○○ということが言いたいのだな」ということを、ずばりとキャッチできるように訓練することが大切である。

発言者の話を、常に要約しながら聞けるということは、学習を進めていくうえで非常に役に立つ。複雑で、めんどうな、長たらしい形そのままで理解していくことは、おそらく誰にとっても困難であろう。

伝言ゲームという遊びがある。長い話を送ると、最終的には元の話の半分ほどに縮まってしまって大笑いすることがある。人は誰でも、なるべく小さな努力で実をあげようとするから、いつの間にか話が短くされてしまうのであろう。

この例からも頷けるように、四十五分の授業における小さな話し合いの場面であってもなるべく短く要約された形で理解できるようにしつけ、鍛えていくことが大切なのである。

5　○△×をつけながら聞かせる

人の話は、ある必要性や観点を持って聞いた方がよい。ぼんやり聞いていたのでは、話の内容はこちらの身には入ってこない。

講演の始まりから眠ってしまう聞き手はいない。講演が始まるまでは、ぜひ聞いて帰りたい、という必要感や、どんな話をするだろうか、という興味や、自分の日頃の疑問や悩みをどう解決してくれるだろうか、という期待を持って臨んでいる。したがって、聞こうとする心構えはできているのである。

講演が始まって、その話が、自分の期待していた必要感や問題意識や観点に応えてくれないことがわかってくると、だんだん何を話しているのかわからなくなってしまい、ついには聞かなくなってしまう。こうして、いつのまにかいねむりをする人が増えてくるのである。

聞き手は、常に緊張を伴って話者と対し続けることが望ましい。そうするためには、話し手の話しぶり、話の中身、考えの妥当性などに対して、努めてある観点を持って聞かせるようにするとよい。

たとえば、私は自分のクラスの子どもたちに対して、しばしば次のようなことを言う。

・これから三人が発言をする。一人だけ正しい発言をする人がいる。だれのが正しいか
ノートに書きなさい。

・五人の発言がありました。いちばんよい意見はだれのものでしたか。ノートに書きなさい。
・三人に読んでもらったが、だれの読み方がいちばんよかったか。ノートに書きなさい。
・四人の発言の中で明らかに間違っている、と思われる人の名まえを書きなさい。
・これからこの列の前から順に読んでもらう。うまさに合わせて○・△・×をつけながら聞きなさい。
・今の山田君の発言は正しいと思ったら○、少しおかしいと思ったら×を、ノートに書きなさい。

このような指示を、小刻みに、しょっちゅう授業の中にとり入れるようにする。そうすれば、子どもはけっして人の話をうわの空で聞いたりはしない。常に自分なりの観点を持ち、自分なりの評価をしながら、話を聞くようになるのである。

また、このような聞き方の鍛えをしていくと、やがて子どもたちには、価値ある発言と、下らぬ発言とを嗅ぎ分ける力がついてくる。下らぬ話は、下らぬ話として見ぬく力がつくのである。

また、長たらしく、まとまりのない話や、同じことをくどくどと言っているような場合には、

・もっと短く話してください。
・長すぎてわかりません。
・よく聞こえません。
・もっと大きな声で言ってください。
・もう一度、短く言い直してください。

というような要求を出すようにもなってくる。

こういう雰囲気が教室を覆うようになれば、その教室の話し方、聞き方はかなり鍛えられてきているといってよいであろう。

6　手を挙げない子に目を注ぐ

とかく、挙手し、発言し、授業をリードしていくような子どもにばかり、教師は目を注ぎがちである。発言している子の顔を見ながら、頷きながら教師は話を聞くことが多い。

だから話す子どもも教師の顔を見ながら話す。

私は、普通そういうことはしない。つまり、話し手の顔は原則として見ないのである。そして、発言者の話を聞いている子どもたちの方に目を注ぐ。この考え方を、私は、

7　陰の部分に注目する

ということばで言い表すことにしている。


発言をしている子は陽の部分にいる。自説を述べて理解させるべく、積極的に、張り切って話している。捨てておいても本気で話す。教師が監督したり、励ましたりしてやる必要は、さしあたってはない。また、学級の中で自分だけがただ一人発言しているのだ、という点において、十分に自己実現をし、報われてもいる。特別に目をかけてやらなくてもよい立場にある。表舞台に立っている子どもだからである。

では、発言者以外の子はどうか。こちらは今、表舞台には立っていない。よそ見をして

もいいし、手いたずらをしてもいいし、ぼんやりしていてもよい。話なんか聞いていなくたって別に困りはしない。

先生も、話し手の方ばっかり見て、ぼくらのことは見てもいない。あいつの話が終われば、また別のだれかが手を挙げて、そいつが指されて立ち上がり、また、先生に向かって何かを言い、先生はそれに感心したり、頷いたりして、ときどき、「どうかね」とか、「わかったか」とか言うだけだ。そのときには、

「さんせいです」

「はい、わかりました」

などと言えばいい。――だいたい、こんなスケッチができるのではないか。

だから私は、発言していない、聞き役に廻っている子どもたちは「陰の部分にいる」というのである。こういう大多数の子どもたちを捨てておいてはいけない。こういう子どもたちにこそ教師は目を注がなければいけない。「陰の部分に注目せよ」とは、そういうことなのである。

「陰の部分に目を注ぐ」というのは、具体的にはどうすることなのか。それは、たとえ

ば次のような点を観察し、評価し続けるということである。
・一人残らずの子どもが話し手の顔を見つめているか。
・頷いたり、首をかしげたりしながら、集中して話を聞いているか。
・メモなどをしながら、評価的に話を聞こうとしているか。
・脇見をしたり、手いたずらをしたりして授業から外れている子はいないか。
・話の内容は十分に聞きとられ、理解されているか。

そして、気のついたことを、あるいはほめ、あるいは励まし、またたしなめ、戒め、注意をし、学級の全員が学習に参加するようにするのである。こうすることによって、ごく一部の上位者や積極性のある子どもたちだけで授業が進んだりすることが防げるようになる。全員参加のもとに、生き生きとした授業が展開されるようになるのである。

また、聞き手の表情から、次にだれを指名したらよいのか、ということもおよそ見当づけることもできるであろう。このようなことから、話し手よりはむしろ聞き手の方に目を注ぐ方が、授業進行の中では大切なのである。

8　ノートをとりながら聞かせる

ノートをとりながら話を聞くというのは、大人の世界ではごく普通のことであるが、子どもの生活の中にはあまりない。工場見学などに子どもを連れていくと、メモをとりながら説明を聞くという場面に出会うことがある。

これを、もっと日常化し、生活化するのである。ノートをとりながら聞く、というのは、少し高度な要求のように感じられるかもしれない。要は、鉛筆を持って聞く、メモをしながら話を聞く、ということなのである。

こうすることによって、けっしていいかげんに話を聞かなくなるし、聞き手としてのかかわり方、対し方も積極的になってくる。また、自分が発言するときの材料としても役立つようになる。

何をメモさせるのか、というと、これはまったくさまざまである。

a　水野さん、◎　・ごんは悪くない
b　山田君――×、長すぎ
c　×、小さい、早い

たとえば、aのメモは、

「ごんは悪い小ぎつねではないという水野さんの考えには大賛成だ」

ということである。また、bのメモは、

「山田君の話は、長たらしくてよくわからない。あんな話し方はだめだ」

という感想である。

cは「沢水さんの音読の仕方は、声が小さいうえに早すぎて上手とは言えない」という評価のメモである。

このように、話し手に対して、努めて評価的にメモしながら立ち向かうようにしつけることが大切である。「努めて」と言ったのは、いつもいつもそうしろというのではない、ということである。聞く本人の必要に応じてメモをさせればそれでよいという意味である。

鉛筆を持って話を聞く、メモをとりながら話を聞く、ということは、聞き手を傍観者的にしないということである。「聞く」というのは、必ずしも受動的活動とばかりは位置づけられない。「聞きながら反応する」ということは、「聞きながら発言する」ということでもある。あるいは「聞くこともまた発言の一つの形態」とさえ言えるのかもしれない。

いずれにせよ、聞いては話し、話しては聞くという交互作用によってコミュニケーションが成立することを考えれば、「聞く」ということがけっして安易な、単なる「受身」であってはならないことが領けるであろう。聞くことをおろそかにすることは、とりもなおさずコミュニケーションを貧しく、痩せたものにしてしまうことになるのである。

9　勝手に喋らせない

授業をしているときに、勝手にことばを発する子どもがよくある。

・ああ、ぼくも行ったことがある。
・わたしの家にもあります。
・おかあさんも、よく、そう言う。

・ぼく、知ってる。見たことがある。あのねえ……

こんなふうに、自分の頭の中に思い出されてきたことを、すぐ声に出して喋る子がいないだろうか。

こういう子は、いろいろの教室でしばしば見かけるのだが、担任は、そういう子どものことばに、半ば迷惑そうな顔をしながらも、おおかたは甘くつき合っている。

・ああ、そうだったの。

・行ったことがあるの。よかったねえ。

・そう、どんなふうだったの。ちょっとお話して。

こんな受け答えをすることが多い。お喋りっ子は、自分が、全体の流れを中断し、話を横どりし、学級に迷惑をかけていることには気がつかず、ぺらぺらといい気になって喋るのである。

私は、こういう勝手なお喋りを次のように名づけて厳禁している。

・先どり話……話の先回りをして喋る
・横どり話……話を横からとって喋る
・坐り喋り……坐ったままで喋る
・勝手喋り……思ったことを勝手に喋る

これらは、厳禁して一向さしつかえない。いや厳禁すべきである。そもそも、こういう話は、「自分勝手」なふるまいなのである。

聞く番になっているときは、話し手が話しやすいように、黙って聞いていることがマナーであり、また、そうしていなければ相手の言うことがよくわかりはしないのである。

慣用句に「話の腰を折る」というのがあるが他人の話の腰を折るほど失礼なことはない。

自分が授業をしているときにこういう子どもに出会うと、私は次のように言う。

・黙りなさい。今は、君が話すときではありません。
・やかましい。静かに聞きなさい。
・話したかったら手を挙げなさい。教室はみんなで勉強するところです。勝手に喋ってはいけません。

私は口調鋭く、びしっと、こわい顔をして言う。二度とそういうことが生じないようにと願って、こわい表情で言う。教えるのではなく、戒め、たしなめるのである。

私は、自分がクラスを持っていたときにはむろんこのようにしたので、勝手に喋るような子どもは私のクラスにはいなかった。現在は、よその学校や学級で授業をすることが多いが、私が授業をする場合には、よそのクラスでも遠慮なく、このように、びしびしやっていく。

また、ほかの先生の授業を見せてもらうことも多い。そこでも、先のように勝手喋りの子どものいる教室に出会うことがしばしばある。ところがおおかたの担任は、私のようにびしっとした叱り方はしない。適当に機嫌をとったり、あしらったりしてお茶を濁してしまう。だから、その子の癖は、直されないばかりか、むしろ育てられ、固められていくことが多い。

そういう教室や、担任や、授業に出会うと私は次のように言うことにしている。

・あのような子どもは授業の邪魔になります。

・邪魔をし、迷惑をかけていることに、あの子は気づいていません。気づかせる必要があります。

・気づかせるだけでなく、反省させ、止めさせるようにすることが教師のつとめです。

・あの子を、あのままにしておく罪に先生は気づかなければなりません。そのままにしておくことは、「お話の聞き方は、これでもいいのですよ」と教えていることになるのです。

音というものには、「聞きたくない人にも聞こえてしまう」という特性がある。聞きたい人にとっては妙なる楽曲であっても、聞きたくない人にとっては騒音にしかならないのである。であるからこそ、音や音声を発するときには、周囲がそれを必要としているか、歓迎しているかを十分に考えて、自らの行動を決定しなければならないのである。このようなことを教えることは、民主社会のよき一員を形成するうえからも重要である。

勝手喋りをするような勝手者を、笑顔で受けとめていい気で喋らせているような教室では、ろくな人間を育ててはいないのである。それは、優しいのでも、あたたかいのでもなく、でたらめな教育なのである。

これは、一〇四頁で、「言いたいことを言わせるのではない。言うべきことを言わせるのでなければならない」と私が書いたことと軌を一にする。

教室のしつけ、聞き方のしつけ、話し方のしつけは、一見小さなことのように見えるけれども、実は、明日の民主社会の形成にもつながる大切なしつけでもあるのだ。

6章 音読技術を高める鍛え方

6

終戦直後は、「すらすらと音読ができなくても、読解力さえつけばよいのだ」という黙読重視の考え方が支配的だった。しかし、その考えは間違っている。何と言っても、まず「つかえずに音読ができる」ことが、基礎の基礎になるはずだ。

声に出して読む、というのは、ひとつの表現でもある。表現であるから、大なり小なり、必ず人前で評価を受けることになる。うまくいけばほめられるし、うまくいかない場合には、やはり恥ずかしい思いをする。

人前で恥ずかしい思いをすることは本人にとって辛いことである。こういうことが重なると、人前で読むことを避けるようになり、だんだん声に出して読むことをしなくなる。この傾向が高じていくと、音読劣等感に苦しめられるようになる。人前だと、どもったり、普段よりもつかえたりするようになる。そうして、やがて国語科の勉強そのものが嫌いになっていく。

すべての教科の学習が文章を読む活動を基礎にしている。文章をなめらかに音読できるようにしてやることは、すべての学習の基礎を確かにしてやることになる。

何としても、せめて音読がすらすらできる力を、できるだけ早く子どもにつけてやらなければならない。

1　読み方の手本を示す

ラジオの基礎英語講座にせよ、続基礎英語講座にせよ、講師がまず手本になる読み方を示し、それを受講者に真似させる方式を採っている。昔からこの方式が採られているし、今も同じようにして進められている。一口英会話の、マイク・マクサマク氏も、やはり、同様の方法を採っている。

これは、非常にすぐれた指導方法である。受講生が目指すべき手本を、指導者が具体的に、ゆっくりと、明確に示してくれる。そっくり、そのまま、まねさえすれば上手に読めるようになっていくのである。

読みの速さ、発音のしかた、間のとり方、アクセントやイントネーション等々が、目と耳と口を通じて了解されてくる。こんなに親切で、適切な読み方の指導法はあるまい。

こんなにすぐれたすばらしい方法なのに、日本の国語教室ではほとんど使われていない。終戦前までは行われていたが、戦後になってこのかた、この方式はほとんど姿を消してしまった。残念でたまらない。

どうして姿を消してしまったのだろうか。

一つは黙読重視、音読軽視、読解中心の教育思潮のせいである。

もう一つは「正しく音読する」ということが、一種の事大主義、形式主義と見なされたことにある。

・口を大きくあけて
・力強く
・はっきりと
・胸を張って
・堂々と

読むなどということは、古くさい軍国主義の残骸だというような風潮が広まったことにある。

こうして、

・声の小さい
・ぼそぼそした
・歯切れの悪い
・前こごみの
・貧相な

読み方が日本じゅうに広まってしまったのである。これは大きな間違いである。当然のことながら、戦後の子どもたち、今では已に四十に近い大人までが、一般に読み方が下手である。何とも残念である。

そんなわけで、近頃の教師の読み方も上手ではない。上手ではないから子どもに手本として示す自信がない。よい手本を示されたことのない子どもは、よい読み方を知らないまま大きくなる。こういう悪循環が生じて久しい。

教師が読み方の手本を示そう。まず教師が上手に読めなくては話にならない。自信のない者は早速練習を始めよう。次に練習のポイントを示しておく。これは、そのまま、子どもに指導する場合のポイントにもなるものである。

①　まず姿勢をよくしよう。胸を張ろう。
②　背筋を伸ばして十分に息を吸いこむ。
③　大きく口を開いて読む。きれいな発音は口形によって生まれる。
④　常よりは大きな声を出して読む。
⑤　明瞭に発音しながら、ゆっくり読む。
⑥　間の取り方を工夫する。、。「」の前と後、段落、詩における「連」の間、など、それぞれに間のとり方が微妙に異なる。
⑦　会話部分は、そこにこめられた心情をよく吟味して読もう。ただし、声色を使うのはよくない。読みが下品になる。
⑧　一般に、会話の部分はやや大きく、地の文の部分はやや小さい声で読むようにする。

こうして書き出してみると大変だなあと思うかもしれない。しかし、いざやってみるとさほどの苦労ではない。

「案ずるよりも産むが易し」である。とにかく実際に声に出して読んでみなければ話にならない。子どもは、いつも教師によって鍛えられているのだ。たまには、子どもの身になって自らを鍛えてみるのもよいことだ。

八つの留意点を、ことばで説明しても子どもにはわからない。やって見せることが一番手っ取り早い方法である。やって見せればすぐわかる。「百聞は一見に如かず」と言うではないか。

2　手本は、短く区切って示す

適当な一節で区切りながら手本を示すのがよい。その長さは、クラスの実態によって調節すればよい。

手本が短かすぎれば、ぶつ切れになって不自然であるし、長すぎれば子どもが手本を真似て読むことができない。短く始めて、慣れるに従って長さを増していくようにする。

手本は、先に示した八つを十分にマスターしたものでなければならない。いわゆる「範読」と呼ばれるそれでなければならない。声の出し方、口の開け方、調子、アクセント、姿勢、気持ちのこめ方等々、教師の力いっぱいの読みを子どもに示すべきである。

子どもは、教師の手本どおりに、教師の後について読むようにする。外国語ならばともかく、日本語にまでそんな教え方が必要なのかと思う向きもあろう。しかし、そうではない。むしろ、日本語であるからこそ正しい手本を示さなければいけないのである。

よい手本を示し、手本どおりに子どもが読む。これを注意深く繰り返す。そうすれば、子どもは必ず上手に読めるようになる。人前で声に出して読むことを好むようになる。子どもが、読みに自信を持ってくる。こうして国語教室の基礎の基礎ができあがる。そして、それは当然のことながら、あらゆる教科学習の基礎の基礎ができあがることにもなるのである。

3 「追い読み」は正しく徹底させる

教師の手本どおりに、子どもがその後を追いながら一区切りごとに読んでいく方式を「追い読み」と名づけておこう。この方式である程度の指導を続ければ、やがて、追い読みをさせる部分を少なくしていける。いつでも、教材の全文を追い読み方式で指導するのは、時間的にも、効率のうえからも、負担が大きくなるからである。

ある特定部分、ここの読み方は特にむずかしい、というところを選んで「追い読み」をさせるとよい。その部分については、徹底して、正しく、上手に読めるようになるまで仕込む必要がある。いいかげんではいけない。

子どもが、読み間違えたり、つかえたりするところはだいたい決まっている。子どもは一回間違えると、指摘をしない限り、その誤りを何回でも繰り返していくものだ。子どもというのは、意外にそういう無神経なところがあるものだ。教師の鋭い聞き耳が大切になる。

追い読みの部分は、正しく読めるようになるまで徹底しなければならない。

「できるまでやらせる」

ということが大切である。

「もう少し、ゆっくり読むといいね」

というのでは指導にはならない。「ゆっくり読むといい」のなら、もう一度読み直させて「ゆっくり読ませ」なければならない。そして、本当に望ましく読めたときに、

「そうそう。そうして読むのだ」

とほめてやるのがよい。「できるまでやらせる」というのは、そういうことである。

これはとても肝腎なところだが、その一点が、とかくおろそかにされている。子どもは、注文だけされて終わりがちである。これでは、せっかく読んだ子どもも、何となく不満足のままで終わる。

「できたじゃないか！」

「それでいいんだよ！」

「おめでとう！」

というところまで子どもを導いていくことが指導というものであり、教師のつとめである。

4　段落ごとに輪番で読ませる

追い読みをさせ、ある程度上手に読めるようになったら、いよいよ一本立ちで読ませてみよう。追い読みの成果が十分に発揮されていれば申し分ないのだが、はたしてそうなるだろうか。

輪番で読ませる範囲は、形式段落一つぐらいがちょうどよい。長すぎもしないし、短かすぎもしない。そのうえ、意味の上からもひとまとまりの区切りになっているので、交代するのにも不自然ではない。

形式段落には、数行にわたるのもあれば一文一行、中には一語で終わる、という場合もある。そういう場合は、少し増やして読ませてもよいし、そのままの読みをさせてもよい。

このように頻繁に交代をさせて読ませるのは、できるだけ多くの子どもに、均等に音読のチャンスを与えようとするためである。

「誰か、読める人はいませんか」
「誰に読んでもらおうかな」
「家で練習してきた人はいませんか」

などと言ってはいけない。こういう進め方では、特定の、とかく読み方の上手な、ごく少数児童の、ひとり舞台になってしまう。

伸びなければいけない子、伸ばさなければならない子、読み方の苦手な子が、この方式の中からは育てられていかない。安易な教師の悪癖は子どもの伸びを阻害する。

一時間のうちに、どの子にも、何回も数多く、発言のチャンスも、読みのチャンスも与えていくのが望ましいのである。

ついでながら、輪番読みは、着席順にさせるのがよい。その場合、いつでも二人立たせるようにしつけておくと能率的である。

二人立たせる、というのは「次に読む子」も立たせておく、ということである。「次は私だ」と思って立っているのは、読みへの心の準備をさせるうえで効果的である。
また、読み終わった子が坐るのを待って次の子が立つまでには、多少の時間がかかる。すでに、次の読み手が立っているようにすれば、読みはすき間なく続けられていく。ここで時間を費やすことには何の意味もない。無駄である。無駄な時間は省いた方がよい。授業時間は四十五分しかないのだから。

立って読ませなければいけないのか、と思う人もあろう。しかし、ひとりひとりの「読み方」の指導を目的にしている授業場面ならば、断然立たせて読ませた方がよい。

まず、立つと坐るとでは心構えが違う。立つということは、自分の位置を高くすることである。クラスの仲間を見おろす形になる。この方がずっと気分が大きく、どっしりとしてくる。

第二に、立てば背筋が伸びる。姿勢がよくなる。姿勢がよくなれば声も大きくなり、澄んでくる。肺の中に空気をいっぱいに吸いこめるからである。

第三に、坐って聞いている子どもにとっても、ずっと聞きやすい。坐っている子どもの体で読み手の声がさえぎられないからである。

このようなことから、ひとりひとりの「読み方」の指導を目的にする授業場面ならば、断然、起立させて読ませる方がよいのである。

5　読めない子は教卓の周りに集める

一斉に、自由に音読の練習をさせることがある。通読の場合にもこの手法を用いるし、一定の時間を与えて読みの練習をさせる場合にもこの方法を使う。

その場合、とかく、全体の大きな読みの声にかくれてしまって、読みの不得手な子どもの声はかき消されがちである。

うっかりすると、彼らは、ほとんど読まずにいることがある。隣の子どもの速さにはとても追いついてはいけないので、彼らの読み方はとかくいいかげんになりやすいのである。声も小さく、目立たないように、隣の者に遅れを気づかれまいとするいじらしい知恵を働かせつつ、結果的には音読を怠けてしまう。

一斉に読みの練習をさせるとき、読み方の力の低い数名は、教卓の周りで読ませるようにするとよい。こうすると、彼らもいいかげんな読み方はしないし、教師に聞いてもらえるので一所懸命に読むようになる。

この場合、教師は、ひとりひとりの読みに注意深く耳を傾けなければならない。よく読めたときは頭をなでてやるといい。間違えたところは指摘して、「できるまでやらせる」ようにする。このようにすることが、「ひとりひとりを大事にする」ということである。

教室の、力の劣る数名を机の周りに集めることは、かわいそうではないか、と心配する向きもあろう。どういうことばでそういう子を集めたらよいかと案ずる人もあろう。

心配無用である。体育では、逆あがりのできない子にはそれなりの手をさしのべる。泳げない子には特別指導をする。

・逆あがりのできない子
・息つぎのできない子
・たて笛がうまく吹けない子
・七の段のできない子

・地図のかき方がわからない子

こういうことばは日常的に子どもの前で使われている。そういう子には特別指導がなされるのが当然であり、特別指導を受ける子どももそれを期待しているのである。

・読み方の苦手な子は先生の所にきなさい。
・うまく読めない子は、教卓の周りにいらっしゃい。
・読み方がんばり組は集合！

こんなことばが気軽に言えて、そして、子どもが喜々として集まってくるような教室でなければいけない。

そして、さらに、伸びようとして努力をすることは尊いことなのだということを、ひとりひとりのクラスの子どもに徹底的にわからせておくのである。

できのよくない子を笑い者にするような子どもは、そういう教室からは生まれない。そのようなクラスをつくるべく、日常の学級経営の質を高めておくことが大切なのである。

6　伸びの成果は公表して大いにほめる

練習させること、鍛えることは、場合によっては目立たない方がよい。しかし、そういう努力によって力がつき、上手に読めるようになったなら、その成果は、大いに多勢の前で公表し、ほめてやることがよい。

辛いことは隠し、慶事は公開する、これは負い目を持っている人間への愛の原則である。

発表させる場合に大切なことは、本当に上手に読めるようにしてから、ということである。せっかく発表させたのにつかえたり、しどろもどろだったりしたのでは、拍手をしようにも元気が出ない。

そのためにも、狭い部分の読み方を、完全にマスターさせるのがポイントである。何度も何度も、口を大きく開いて、力のある声で練習させることが必要である。最も短い場合は一段落だけでもよいのである。

上手に読めれば自然に拍手が起こる。拍手をされれば誰だって嬉しい。いわんや、読むことに引け目を感じていた子どもが、読み方が上手だということで拍手をされたときの喜びは格別である。

体を通して表現したものがほめられることほど本人にとって自信をつけることはあるまい。ともすると劣等感に陥りやすい、読みの不振児には、このようなきめの細かい指導と、心づかいとが必要である。子どもに自信を持たせ、子どもに喜ばれる鍛え方は、このようにして初めて功を奏するものである。

7 低学年のうちに音読をマスターさせる

音読する場合の、声の出し方、滑らかさ、速さ、それらを支える眼球運動等は、ほとんど低学年期で完成する。おおかたの子どもは、一、二年生の段階で、ほとんど望ましいレベルの音読技術を身につけてしまう。音読技術に限っては、三年生、四年生と順次に高まっていくものではない。

別の言い方をすると、一、二年生でうまく読めない子は、そのハンディキャップを引きずったまま進級していく。一、二年生でうまく読めない子は、ずっと、読み方が下手なまま大きくなりやすいということである。

しかし、これは、よい指導者に恵まれない場合のことであって、すぐれた指導者に出会えば、中・高学年期になっても音読技術を伸ばし、高めることはできる。しかし、一般的には、音読の個別指導は、低学年期がひとつの大きな山場である。

低学年期に、普通に読めるようにしておいてやれば、それからのその子の学習生活は、どんなにか楽しいものになるだろう。反対の場合は、気の毒である。

文章を普通に読めない子にとっての勉強時間のハンディキャップは想像を越えるものがある。ぜひとも低学年のうちに音読のマスターをさせたいものである。

音読の力が、学年が進むにつれて伸びていくのは、「心情の表現」「間のとり方」「ことばのニュアンスの表現」というような面である。微妙な文章表現のニュアンスを読み方に反映する本物の朗読技術は、大人になってさえもそのマスターはむずかしい。

低学年期でマスターされるのは、声量、読速、なめらかさ、発音の明瞭さ、というような、音読の基礎技能である。

低学年でマスター可能ということは、中学年期、高学年期に入ったら、矯正不能ということを意味するのではない。中学年でも、高学年でも、むろん指導は可能である。しかし、長い時間背負い続けてきたであろう技術の貧しさや、あるいは引け目やらを矯正、善導していくには、それなりの大きな努力が必要になる。中学年以降の音読の指導に当たっては、そのことを覚悟して、根気よく、愛情を持って対処する心構えがなければならない。

7章

読解力を高める鍛え方

7

1　時間数を三割減らす

大川悦生氏に「お母さんの木」という、戦争児童文学の作品がある。仮に、これを子どもが図書室で一人で読むとしたら、どのくらいの時間をかけるであろうか。どんなに丹念に読む子でも、二十分とはかかるまい。普通は十分程度で読める。

深く、一字一句を味わいながら読むにしても、三十分もかければ十分すぎるであろう。そして、それなりの深い感動を覚えるに違いない。

読書をする、ということのごく一般的な状態はこのようにして次々に進行していく。これは、子どもに限らず、青年にも、老人にも通じることである。

ところが、一旦、教科書に採録されて「教材」という資格、性格を与えられると、この様相は全く一変する。教師用に作られた指導書による時数の配当は七時間である。さっと一回読むのに十分もあればよい作品一つを、実に七時間、分単位にすれば三百十五分、三十一倍もの時間をかけて指導するのである。

これは一向に珍しいことではなく、ごく常識的、一般的な指導の仕方である。いや、むしろ、一般的には、この作品を七時間で扱うというのは、かなり大胆な時数削減であり、「それでは時間が足りない」と思う人の方が多いのではないかと思われる。

一年生の教材「大きなかぶ」には十二時間、「てんぐとおひゃくしょう」には十三時間、アーノルド・ローベルの短編童話「おてがみ」に対してさえ十二時間が配当されている。

こんなに多くの時間が配当されているのである。教育実習生などは、

「何を教えるんですか、そんなにいっぱい」

と、不思議に思う。この初心の感覚や疑問は、実は大切にしてほしいのだが、教師になると間もなく、「それでも時間が足りない」と考えるようになってしまう。そして、長々と、退屈な授業めいたもので時間を浪費しがちになっていく。何とも残念としか言いようがない。

有効な時間ならばいくら費やしてもよい。しかし、それほど多くかけられた時間の中で、はたして子どもたちの読解力、鑑賞力を本当に育み、伸ばし、高めるような学習指導がなされているのであろうか、謙虚に、冷静にふり返ってみなければなるまい。

学級ＰＴＡや学年ＰＴＡ、あるいは講演会の席上などで、私はしばしば次のように問う

てみることがある。

みなさんが現在身につけている、文章を読む力、文章を味わう力は、学校で受けた授業のおかげだ、と思いますか。それとも、おおかたは、自分の読書体験の中から培われたものだと思いますか。

この結果は、どこでもほぼ同じである。「学校の授業で培われた」という方に手をあげる人は二割にも満たない。一割を欠く場合だってあるのである。

しかし、現在身につけている歌唱力、演奏技術、運動技術などについて同様の問いをしてみると、大多数、ほぼ全員が、「学校の先生のおかげだ」という方に挙手をする。「先生に教えて戴いたお蔭である」という実感が、音楽や図工や体育、算数、理科などの授業については高いのに、国語については至って低く、稀薄なのである。

しかも、その上に、次のような事実もあるのである。

国語の授業は、すべての教科学習の基礎になる非常に大切なものだと思いますか。

この問いに対しては、全員が異口同音に「そう思う」と答えるのである。どの教科にも増して大切なのが国語科であるということは、どの人も認めているわけである。

このような考え方、このような期待に応えるように、他のどの教科よりも国語科の授業時数はたくさんある。毎日のように、いや、日によっては一日に二時間も国語の時間が配当されている学年だってある。

こんなに多くの時間を振り向け、大切にされながら、しかも、あまりその効果が認められていない、というのは何としたことであろう。このような事態をどう解釈したらよいのであろうか。

これでは、どうしても授業の中身が適切ではないのではないか、と疑ってみなければなるまい。どこかに思い違いがあるのではないか、何か、重大な見当違いを犯しているのではあるまいか、――と、謙虚に反省してみる必要があると思うのである。

一つの解決策は、先に述べたような指導時間のかけすぎをやめることである。指導時数を、まず機械的に三割減らしてみようではないか、それによって、一体、どんな不都合が生じるのか、冷静に観察してみることである。具体的には、どのような授業をすればよいのかという点については、以下順を追って述べていくことにしよう。

2　むずかしい問いを出す

読解指導における発問は一般にやさしすぎる。子どもが苦労して考えなくても答えられるような問いがほとんどである。

・おじいさんは何の種をまきましたか。
・何といいながらまきましたか。
・では、おじいさんになったつもりでまいてもらいましょう。
・どんなかぶができましたか。
・かぶはぬけましたか。
・それでおじいさんはどうしましたか。

というような問いが続くことが多い。本を見ればこの答はすぐわかる。こんな問いに答えさせることをいくら続けても読解力は伸びるはずがない。問いがやさしすぎるのである。

問いである以上、ほとんどの子どもがそれに初めは答えられないようなものでなくてはいけない。そういう「わからなさ」から出発して学習を進めていくうちに、だんだんわかってくる、というのがよいのである。

読解指導における問いは、もっとむずかしいものにしなければならない。いろいろなところを読み直し、考えていくうちに、徐々にそれへの答が生まれてき、それと同時に読みが深まり、味わいが豊かになっていくようなものでなければならない。

勉強をしていくうちに、初めはわからなかったことが、

「あ、そうか」

「なるほどなあ」

「わかった、わかった」

と、納得され、頷かれ、自分の成長が自覚されるようでなければいけない。

たとえば、次のような問いは、子どもの読みを向上させ、深化させるうえで有効である。

・おじいさんは、なぜ「あまい、あまい」と二度もくり返して言ったのか。

・「あまい、あまい」は、どっちを強く読むのがよいのか。それはなぜか。

・「うんとこしょ」と「どっこいしょ」は、どっちによけい力を入れて読むのがいいか。
これらの問いは、本文を何回も注意深く読まなければ解けないであろう。しかし、よく読めば必ず解ける。そして、解けていく過程でその読みとりは深くなり豊かになっていく。

子どもたちは、

「あ、そうか」

「なるほどなあ」

「わかった、わかった」

と納得し、頷き、自分の向上的変容を自覚し、勉強のおもしろさを味わっていく。

「むずかしい問いを出す」ということは、解くに価する問い、解く過程で読みの深化が保障されるような問い、そういう問いを出す、ということである。

わけのわからない問い、子どもの能力を超えた問い、いたずらに難解な問い、読んでも解けないような問いを出すということではない。

問うても思考の促されないような問い、考えなくても解けてしまう問い、読まなくてもわかってしまうような問いは出さない、ということである。

３　自分の解をまずノートさせる

算数の授業では、まず個々に解かせてみて、その答の正誤を確かめ、後にそのプロセスの当否を検討していく。体育では試技をさせ、音楽では歌わせ、演奏させ、図工ではかかせてみる。つまり、これらの教科では、必ず子どもの「作業」をくぐらせ、その結果を比較し合うという展開過程を辿っている。

ところが、読解指導の授業では一般にこういうプロセスをとらずに、おおかたが話し合いだけで進められていく。話し合いもひとつの授業の形態であるから、話し合いそのものが悪いということはないけれども、話し合いだけで進められる授業には、次のような脆さがある。

・挙手した子だけが話し合いに参加する。
・挙手しない子は話し合いには加わらない。
・日常の学習の中でおよそ固定している優生の発言が、暗黙のうちに勢力を持ち、それへの安易な同化の中で授業が進む。
・前提として「作業」をくぐらせていないので、都合のよい答に安易に乗り換えたり、すべりこみをしたりする。
・「賛成」「反対」というような音声が教室をリードするので、本当は反対でも賛成の組に流れたり、本当は賛成でも反対の組に乗りかえてしまう傾向が生まれやすい。
・このようにして、自分の本音、固有の判断、個性的な反応や解釈が、授業の中にとりあげられにくい。
・したがって、底の浅い、比較や吟味に乏しい、表面的な授業になりやすく、読解力は鍛えられず、伸ばされもしないということになる。

このような脆さを克服していくためには、他の教科で実践されているように、まず「作業」をさせ、他人の考えに左右されない、外ならぬ自分自身の判断、解釈、感想を、ひとまず持たせるようにすることが有効である。

たとえば、

「あまい、あまい、となぜ二度くり返したか」と問うたならば、まずとりあえずその答をノートに書かせるのである。

子どもたちのノートには、次のようなことが書かれることになる。このとき、文末を、「……だから」と結ばせることも指導しておくとよい。

・本当に、甘いかぶになってもらいたいから。
・どうしても甘いかぶがほしいから。
・一回では足りないから。
・二回言う方が、かぶのたねに伝わるから。
・お願いをしているのだから。

このようなことがらが十人十様にそれぞれのノートに書かれる。ひとりひとりがノートに書くということ自体が、学習への参加そのものになるのである。こうすれば、傍観者が生まれないし、その授業に落ちこぼれる者はいなくなる。

さらに、他人に邪魔されない、自分の固有の考えが持てるようになる。机間巡視によってこれらの反応を把握すれば、挙手に頼らず教師の側からの意図的な指名が可能になる。ユニークなとらえ方をしている子どもが、たとえ内気であったにしても、陽の当たる場所に立たされることにもなる。こうして、授業は多様な考えの比較、検討を可能にし、多くの子どもの学習参加を促すことにもなるのである。

ここで重要なことは、「自分の解をまずノートさせる」という一事である。これを欠いたのでは、読解力を鍛える場面はぐっと減ってしまうに違いない。一部の優生児が思いつきの発言をし合うだけで終わってしまい、下位児やユニークな考えを持った内気な子どもの活躍の場はついに与えられずじまいになってしまう。個別にノートに書かせるということは、全員に考えさせ、全員を学習に参加させ、全員に発言させることになるのである。

このようなノート作業を、授業の中にとり入れていく場合には、次のような点に留意するとよい。

- ・ノート時間は短く、せいぜい一、二分とする。
- ・小刻みにノートのチャンスを与える。
- ・単一のことがらを問う。
- ・判断、解釈に個人差や多様さが生ずるような場を設定してノートさせる。

・作業そのものはなるべく単純化させる。
たとえば、「一言で書け」
「ずばりと書け」
「賛否を○×で示せ」
・また、判断の背後に常に理由、根拠を持たせるようにする。

4　書いてあることをもとにして、書いてないことまで考えさせる

読解や鑑賞の根拠は、常に本文に求められなければならない。本文をどう解釈し、どう味わうか、そして、いかなる価値をその本文から読みとり、自らの心の糧としていくか、そういう力をつけてやることが読解指導の狙いであり、内容である。読解指導も鑑賞指導も、文章を読むこと、本文とかかわることを抜きにしては成り立つものではない。

一方、言語表現というものは、いかに精緻を尽くそうとも、事物や事実そのものをあま

ねく表現することは不可能である。

厳密に言えば、一輪の桔梗の美しさという一事さえ言語で言い表すことは不可能である。言語表現は常に限界を孕んでいるのである。

そこで、表現に依拠しつつ、表現を貫き、表現を越えた解釈もまた必要になってくるのである。文芸、とりわけ詩歌の世界ではこの特性を重視していかなければならない。

金色の小さき鳥のかたちしていてふ散るなり夕日のおかに　　与謝野晶子

ここに述べられている事実は、銀杏の葉が夕日を受けて金色の小鳥のように光りながら散っている、ということである。それだけのことであるのにもかかわらず、この一首から私たちは小高い丘にある銀杏の大樹をイメージすることができる。また、この大銀杏の周囲にはあまり人家が思い浮かんでこない。自然豊かな景観の中に、大きな銀杏の古木が立ち、鮮やかな黄金の葉を折々散らしている光景が彷彿する。

むろん、それは読者の解釈であり、必ずしも妥当で客観的なものではないかもしれないが、人はそれぞれにこの一首から、書かれていること以上のイメージを彷彿するに違いない。そして、それぞれにこの一首の持つ魅力を愛で楽しむことであろう。

つまり、「書いてあることをもとにして、書いてないことまで考え、感じ、描いて楽しむ」のである。読解力を高め、鑑賞力を鍛えるためには、このように子どもを導き、その妥当性を吟味させていくことが大切なのである。

これは文学的文章に限ったことではない。

> ツバサリュウの中で最も大型のものは、プテラノドンです。つばさは、長くのびた前足の小指と後足との間にはられていました。プテラノドンは、そのつばさを広げてグライダーのように風に乗って飛び、時おり、水面にまい下りては魚をさらって食べていました。
>
> （光村版　国語四上）

この文章を理解するためには「書かれていることをもとにして、書かれていないことまで考えさせ」なければならない。

・長くのびた前足の小指と後足の間

どのぐらいの長さなのか、どのような形状の前足なのか、その小指とはどれほどの太さの、いかなる形状なのか、後足についてはどうか——これらのことは、いくらこの文章を読んだところでわかるものではない。

このような表現の限界を補うべく、このような文章には図版が添えられ、「つばさの長さ、約七メートル」などという注釈が加えられている。これらの図版なども参考にしながら、「書かれていることをもとにして、書かれていないことまで考えさせ」その妥当性を文章や図版をもとに吟味させることが必要なのである。

勝手に想像させ、それで終わりというのでは読解力は鍛えられはしない。個々の想像や解釈の妥当性を話し合いによって吟味させる過程をくぐらせなければならない。そういうプロセスで読解力が鍛えられていくのである。

5　答を限定し、正誤を明らかにする

読解力を鍛え、高めていく授業を見ながらいつも不満に思うのは、子どもの解釈、想像、理解のしかたについて、当否の言明を避ける傾向があることである。

・そういう考え方もあるね
・なるほど、それはおもしろい考え方だね
・そう考えたの、なるほどねえ
・変わった感想ですねえ
・いかにも、山内君らしい解釈ですねえ

こんな調子で授業が進んでいくことが多いのである。そのような子どもの解釈は、いったい妥当なのか、不適なのか、という黒白はつけられずに進行していくのである。活動があって指導がない、と言われるのはこのようなことによる。

算数や理科であったならばこんなことは絶対にない。正誤は鮮明にされ、その理由がきちんと説明される。そのことによって子どもたちは、何が正しく、何が誤りであるかを学んでいくのである。「そういう考え方もあるねえ」「なるほど」などとばかり言ってすまされることではないのである。

国語科の場合に限って、答が限定されないのである。限定してはいけないような風潮も確かにある。特定の解釈や鑑賞を一方的に押しつけてはいけない、などということばにおびえてしまって、何もかも曖昧のままで過ごす風潮が、国語の授業を甘くしているのではあるまいか。

むろん、主観に委ねられてよい部分もある。一つに限定しがたい解釈もある。その場合には、そうすることが正解なのだから、黒白をつける方が誤りである。しかし、すべてがそうだというのでは指導は成立しない。「羹に懲りて、なますを吹く」ような愚行をしてはならないのである。

たとえば、「かさこじぞう」の授業で、

かさこをかぶせてもらった地蔵様は、心の中で何と言ったでしょう。

という問いを出した。これについて、次のような答が出されている。

a　ありがとう。

b　ありがとう。ありがとう。

c　ああ、つめたくなくなった。ほんとうにありがとう。
d　すいません。こんなことをしてもらって。
e　ありがとう。あとで、もちこをどっさりやるよ。
f　じいさま、ありがとう。あとで正月のもん、いっぱいやるでの。

このような答が出されたら、教師はどのようにするであろうか。どうすることが、読解力を鍛えることになるのであろうか。
一般的には、子どもにこれらを発表させ、全体に紹介させて、それで終わりである。活動をさせはしたが、指導はしない、ということが多いのである。これでは、読解力は鍛えられない。
私なら、次のような問いを発するだろう。

問1　この中で、ちょっと変だなあという感じがするものはありませんか。

この問いによって、dが、地蔵様のことばとしては何となく不似合いだということに気づく子どもが出るであろう。それをとりあげて、dの表現について話し合わせることにする。

そして、これは、お地蔵様のことばにしては少々、低姿勢に過ぎ、似つかわしくないことに気づかせていくと思う。このような「指導」は不要であろうか。

また、eやfも、何となく、妙な気がする答である。笠をかぶせてもらったときに、すぐにもう、「あとで、もちこをやるから…」などと考えているとしたら、どうも少しあっけらかんとしすぎてはいないだろうか。

そういうことに気づかせる「指導」は不要であろうか。

問2　この中で、当たり前すぎてつまらない答はありませんか。

この問いによって、aが指摘されるであろう。「かさこじぞう」は二年生の教材であるが、爺様の親切に対して「ありがとう」という答を出すぐらいのことは、幼稚園児でも十分に可能である。こんな答をノートに書いて、それでもう「答を書いた」つもりになっているような国語教室を、私たちは作ってはならない。そんなことでは、読解力が鍛えられるはずはないのである。

ａとｂは似ているが、質的にはかなりの違いがある。「ありがとう。ありがとう」と重ねて言っている言い方には、ａとは異なった読者としての深い解釈が表されている。こういう、ちょっとした違いを見ぬき、そこにこだわるところから読解力が鍛えられていくのである。

ｂとｃは、読みの深さにおいてさほどの差はないであろう。しかし、どちらがよい味わい方かと言えば、やはりｃに軍配があがることになろう。ｂは、ｃに比べて一般的でありきたりに過ぎるからである。ｃは、その場の状況にふさわしい固有のことばであると言えよう。

一見、何の差もないように見えるこれらの子どもの反応も、以上のように見てくれば、読みとりにそれなりの広狭、深浅、精粗の差があることに気づくであろう。読解力を高め、鍛えるためには、したがって「答を限定し、正誤を明らかにする」努力が払われなければならないのである。

6　パーフェクトな指摘をさせる

読解指導の授業の正解は寄せ集めだ、という指摘がある。頷ける指摘である。
たとえば次のような問い方がよくなされる。

爺様の人柄がわかるところに線を引きなさい。

子どもたちは、本を開いて線を引き始める。

a　じぞうさまのおつむの雪をかきおとしました。
b　ぬれてつめたいじぞうさまの、かたやらせなやらをなでました。
c　売りもののかさをじぞうさまにかぶせると……あごのところでむすんであげました。
d　自分のつぎはぎの手ぬぐいをとると、いちばんしまいのじぞうさまにかぶせました。
e　やっとあんしんして、うちにかえりました。

さて、これらの表現を、どの程度子どもたちがパーフェクトに指摘できるであろうか。

一般的な授業では、一か所か、二か所に線を引くと、もう子どもはそれでできたと思ってしまい、後の作業は続けない。したがって、ａからｅまでのすべてを指摘する子は皆無と言ってもよい。

授業では、挙手した子どもを指名して発言させ、それを板書に書きとめると、

「ほかにはありませんか」

という問いを繰り返しながら、やがて、ａからｅまでが出そろって一区切りということになる。こういう風景はごく一般的であり、さほどとがめだてするような事態だとは思われていない。

しかし、これでは読解力は鍛えられない。

本来は、一人残らずの子どもが、ａからｅまでのすべてをノートに書けなければいけないのである。ａだけとか、ｂだけできたとかでは、「できた」ことにはならないのである。

だから、私はこういう場合、たとえば次のように言う。

爺様の人柄がわかるところが五つあります。その五つに線を引きなさい。

こうすれば、五つ探せない子は、「まだできていない」という意識で五つを探そうとする。こうならなくてはいけないのである。

一般的には、aだけでも見つけられれば、その子はにこにこしている。そして、実は、bも、cも、dも、eも探せなかったのだということに対する反省や無念さは自覚されずに授業が進行していく。

つまり、国語の授業では、一般に、ほんの一部分しか答が書けなくて、おおかたはできていないのにもかかわらず、そういう状態が責められないまま進行していくのである。

図画にたとえれば、ひとりひとりが一枚の絵を完成させないで提出し、教師がそれらをつぎはぎして一枚の絵を完成させているようなものである。こんなことをしていたら、いつまでたっても一枚の絵を自分でかける力は子どもにつかないであろう。しかし、国語の授業ではこれに似た滑稽なことが疑われもしないで続けられているのである。

ひとりひとりの子どもがそれぞれ一枚ずつの絵を完成しなければならないように、国語科の答も「パーフェクトな」ものを求めるべきである。指摘すべき場所が五か所であるならば、五か所全て指摘できた子どもだけが正解者であり、他はすべて誤答者なのである。ごく一部の正解例を教師が寄せ集めてやっと全体の正解を作りあげるような甘やかしは止めなければならない。五つすべて指摘できるのでなければ、それは要するに誤答である。

このように考えて授業に臨めば、子どもの読みとりの姿勢も変わってくるし、読解力が鍛えられ、高められることにもなるのである。

7　微妙な差異を問題にする

見かけの差は小さくても、意味や値打のうえでは大きな差をもっている、ということがある。ことばの上ではちょっとした違いだが、意味の上では大違いということもある。

読解力が高いということは、ちょっとしたことばの背後にある大きな意味の違いに気づくということでもある。

たとえば、先にあげた地蔵様のことば、

「ありがとう」

「ありがとう。ありがとう」

という二つは、一見似ているが、意味にはかなり大きな違いがある。

また、爺様の人柄がわかるところに線を引くという学習の中で、次のようなものがあった。

e　やっとあんしんして、うちにかえりました。

ここを指摘できる子は、ほとんどいないであろう。aからdまでは、どのクラスでも、おおかたの子どもが指摘できるはずである。その意味で、aからdまでの答は平凡であり、それらを指摘できたからと言って、さほどほめるには当たらない。

aも、bも、cも、dも、行動である。これらは、誰が見ても、親切で、やさしい行動であり、しぐさであり、動作である。それ故にどの子にも探せるのである。探すことはさほど難しいことではないのである。

しかし、eは別である。「やっと安心して家に帰った」という表現は、この老爺がいかに心のやさしい人であるかを、ゆくりなく物語っている。地蔵様に、自分の笠をかぶせたことによって「やっと安心して」家に帰れたということは、そうしなければ、「安心して帰れない」ということである。

eは、爺様の心のありようを物語っている。だからこそ、eは、a～dと同列、同次では語れないのである。

eが探せなかったならば、「もう一つ大切なところがあるのだが」と伝えて、ぜひ発見させたいし、発見できたら、aからdまでの表現と、eの表現との値打の違いについて論じさせることがぜひとも必要である。

ちょっとしたことだが、こういうところの違いがわかるということが読解力が高いということなのである。

・どっちがすぐれた考え方か。
・どっちの読みとりが深いのか。
・どっちが値打の高い答か。

というような問いかけは、常に子どもに向けて発した方がよい。

そういう問いを向けられることによって、子どもたちは、意味の深さの違いや、重みの違いに気づいていくようになるのである。

8 鑑賞指導でも「なぜか」と問う

文学の授業では「なぜか」という問いはなるべくしない方がよい、という人がある。そう問うと、理屈っぽくなって、豊かな味わいが妨げられるからだ、とその人たちは言う。はたして、そうであろうか。

「なぜか」と問うことは、読みを深め、味わいを豊かにする、と、私は考えている。「かさこじぞう」の場合で考えてみよう。

・なぜ、爺様は、地蔵様の肩やら背やらをなでたのか。
・なぜ、爺様は「そこで、やっと安心」したのか。
・なぜ、婆様は、「いやな顔ひとつしないで」爺様をいろりに迎えたのか。
・なぜ、この二人は、こんな貧しい中でもぐちを言ったり、文句を言ったりしないのだろうか。

・爺様と婆様が、「よい正月」を迎えることができたのは、いったいなぜなのだろうか。

このような問いは、この爺様と婆様の人柄や人生観、くらしぶりを読みとるうえに欠くことのできないものではないか。また、この作品の主題を読みとらせるうえにも不可欠の問いだと思う。

このような「なぜ」という問いが、本当に読みとりを「理屈っぽい」ものにし、豊かな味わいを「妨げる」ことになるのだろうか。

そんなことはない。むしろ、こういう問いに基づいて考え合い、話し合うことによって読みは深くなり、いよいよ味わい豊かなものになっていくはずである。

ただし、むやみに「なぜか」「どうしてか」と問うことはむろん上策ではない。「なぜか」と問い、「どうしてか」と考えさせることによって、その場面の読みとりに奥行きと深さが生まれるという場合に限って問われるべきであることは言うまでもない。

登場人物がある行動を起こしたり、ある発言をしたりすることの背後に、重大な意図や企みがあり、それがきちんと文章表現上には表れていない場合などには、なぜか、という問いが特に重要な役割を果たすことになる。

どのような場合に、どんな問いを出すべきかということは、帰するところ、その教師の教材研究の確かさや、深さによる。自分自身の読みとりに根ざさない、形だけの問いの借用では、その後の展開をどのようにしたらよいのかが覚束ない。自分の眼、自分の心で読みこむことの大切さはいつの場合でも変わらない。

9　状況の中で読みとらせる

宮川ひろ氏の作品に「沢田さんのほくろ」という短篇がある。主人公は沢田たみ子という三、四年生と覚しき少女である。おでこに大きなほくろがあって、「大仏さん」とからかわれる。以後、前髪を長く垂らしてこれを切ろうとしない。切った方がいいと言われても頑としてこれを切らない。担任に言われても切らないし、前髪をあげようとさえしない。

担任は、たみ子の苦衷を級友に伝え、心ない冷やかしがどんなに人の心を傷つけるかを話し、たみ子の前髪事件を解決してやる。

やんちゃ坊主に、その後のあるとき、ふと「大仏さん」とからかわれたことがあるが、もうたみ子はそれに屈しないだけの心の成長をしていた。「大仏で結構よ。手を合わせて拝みなさいよ」そう言ってたみ子は、お腹の辺りに手を組んで目をつむる。たみ子は、見事に立ち直ったのである。

この作品の中で、すばらしい役割を果たしているのは担任の木村先生である。

子どもたちに、次のように指示をする。

木村先生についての感想を一言でノートに書きなさい。

子どもたちは次のようなことを書く。

・やさしい先生
・とてもいい先生
・すばらしい先生
・子ども思いの先生
・親切な先生

このように読みとれれば合格である。私はこれを受けて次のように言う。

そうですね。木村先生は本当にやさしい、すばらしい先生ですね。私もそう思います。

さらに続けて言う。

だから、木村先生も、いちばん先に前がみのことを沢田さんに注意したのですね。ところが、「それでも沢田さんは、前がみを上げようとはしません」と書いてあります。

その後で子どもたちに問うてみる。

この沢田さんをどう思いますか。一言でノートに書きなさい。

子どもたちのノートには、次のようなことが書かれる。

・わがままな子

・自分勝手な子
・強情っぱりな子
・へそ曲がり

机間巡視によってこれらをつかみ、そのまま板書する。子どもたちにこの板書を音読させてから、

そうだ、そうだ。その通りだ。……と思う人は手を挙げなさい。

と指示する。ほぼ全員の子どもが、さっと、手を挙げる。――果たせるかな、という感じである。

こんな読みとりではいけない。沢田さんは自分勝手ではない。わがままではない。強情張りではない。へそ曲がりなんかではないのである。

本文には、次のように書いてある。

――目のところだけ、まるですだれのように、すかしてありました。そこからそっと、

外をながめているというかっこうなのです。
とびばこや鉄ぼうをする時でさえ、前がみが風に飛ばされるのを気にして、おでこをおさえることをわすれませんでした。勉強はとてもよくできるのに、このごろ手を挙げて答えるようなことは、少なくなってしまいました。――

ここには、たみ子の苦しい心の中が描かれている。たみ子は、先生の言葉の意味もよくわかるし、そうしたいのである。

しかし、そうはできないのである。そこのところが子どもには読みとれていない。

・よい先生の言うことを聞かない子は悪い子だ。
・やさしい先生の親切なことばを拒否するのは強情な子だ。
・木村先生はすばらしい。その先生の言うことが聞けないなんて、大変へそ曲がりだ。

子どもたちはこのように考えている。

このような読みとりはしばしば見られる。教条的な読みとりであり、観念的な読みとり方である。

人物が置かれている状況を精確に理解していないことによる、浅薄で道徳的な読みとりと言ってよい。このような状態をいわゆる「文学的認識」、つまり、状況認識をふまえた人間理解の読みとりにまで高め、深めていかなければならないのである。

人間というものは、おいそれと道徳的に行動できるものではない。人間とは、弱い存在なのだ。わかっていてもできないことがある。それは、わかっている通りにできるときよりも、はるかに深く、大きな悩みを蔵しているからなのだ。人間とはそういうものであり、そういう人間存在を確かに理解させていくことが、文学を読むことの、大きな狙いの一つなのである。

沢田たみ子を、へそ曲がりの強情張りと大方の子がとらえて挙手したときに、ただ一人、憤然として手を挙げなかった男の子がいた。――西藤君である。

西藤君は複雑な家庭に生まれた。父親は行方不明、姉は精薄である。最近、「新しいお父さん」が家に来た、とも噂されている。成績は中以下、授業中の態度は至って散慢、わがままで、へそ曲がりなところがあり、いわゆる「問題児」の一人である。

私は、西藤君に望みをかけた。彼の意見で学級全体の浅薄な読みとりをひっくり返してやろう。読みとりの「向上的変容」のドラマを、西藤君の発言によって演出してやろう。今まで、あまり重要視されていなかった西藤君を、眩しいほどに輝かせてみせよう――

私は、そう考えた。

「よし、西藤君の考えを聞こう。西藤君は、このクラスでただ一人、みんなとは違った考えを持っているようだから」

西藤君は、さっと立ち上がった。口がとんがっている。

「先生がいくら言ったって、言うことを聞けないときだってありまあすっ」

と、ぶっきらぼうに言い放って、彼はすわってしまった。みんなは、あっけにとられて、やがて、くすくす笑い出した。発言の意味がよくのみこめないのであろう。私は、もう少していねいに、ゆっくり話すように、西藤君を促した。今度は、ゆっくり立ち上がった。

「沢田さんは、みんなにからかわれるのがすごくいやだから、ほくろを隠しているのだと思います。先生にいくら言われたって、ほくろを見せればまたからかわれるから、だから前がみをたらしているのだと思います」

クラスの中に、あれ、という表情を見せる子が出始めた。頷いている子もある。顔を見合わせる子もいる。

河辺さんが手を挙げた。私は指名する。

「先生、さっきと変わってもいいですか」

河辺さんは成績優秀である。彼女の心の中に変化が起こっているらしい。

「変わるって、西藤君の考えを聞いているうちに、自分の考えが変わったというわけですか」

私が尋ねると、彼女はきっぱりと「はい」と言った。クラスの中にまたざわめきが起こる。私は、次のように言う。


自分の考え方に、自信が持てなくなる。あれ、違っていたんじゃないかな、と疑問を持つようになる。――これは、大変すばらしいことです。そういうことを続けながら人間は成長していくのです。

このことばに勇気を得たのだろうか。次々に、「私も変わる」「私も……」という者が出てきた。この状況を察して、私は次のように西藤君に言う。

「西藤君、おめでとう。すごいじゃないか。君の発言で、こんなにたくさんの人の考えがぐらついたんだよ。今まで、こうだ、これでいいんだ、と思っていた考えが、君の一言でこんなにゆさぶられてしまったんだ。すごいよ、これは。——ただし、そういうことと、西藤君の考えが正しいか、どうかということとは別だがね……」

この私のことばの終わるのを待って鳥海君がすっと手を挙げた。口がとんがっている。鳥海君は、学級きっての優秀児、頭の切れる少年である。彼は次のように言った。

「でもね、木村先生は沢田さんのことを思って親切に注意しているんだからね、その先生の言うことが聞けないのはね、やっぱりへそ曲がりだと思います」

「はい」

「はい」

「反対」

と、何人もの子が手を挙げた。この後のことは、もう書く必要はあるまい。お察しの通りの授業進行だったからである。

読解力を鍛えるためには、状況への着目をさせなければならない。状況に着目し、状況を読みとるということは、とりもなおさず「表現に即して読みとる」ということでもある。本文から離れた観念論で片付けるようなことを放置していたのでは読解力は育たない。

この点を確かめ、ゆさぶるためには、時にこの例のような「誘導尋問」もしてみる必要がある。誘導尋問に引っかかりやすいのは意外にも優等生タイプが多い。人の顔色を見て判断するくせのついている子は、頭の回転が速く、口達者ではあっても、案外もろいのである。腹の底からの実感が稀薄なのかもしれない。

それに引きかえ、陽の当たらないところで、いつも、ぎりぎりの判断を迫られ、自分で行動の選択を迫られているような子どもは、案外、人の心の傷みを知っているものだ。

それは、成績などとはあまり関係がない。もっと、日々の生きざまと強くかかわったところから生まれてくる嗅覚のようなものなのだ。自ら選び、自ら行動し、その行動の適否は、たちまちのうちに周囲からの報復となってはねかえってくるような、そうした緊張の中に身を置いている者の方が、むしろ、すぐれた文学の読み手になることが多い。

ただし、そういうような子どもたちに陽を当て、光を生んでやるためには、教える側にそれなりの用意がなされていなければならない。何を問い、何を提示すれば、軽薄な読み手が引っかかり、その軽薄さがあばかれることになるのか、それを見通した指示や発問ができる力量が教師に備えられていなければならないのである。

8章

文字力を高める鍛え方

8

平仮名、片仮名の読めない子どもはほとんどいない。これぐらいは、普通の子どもなら誰でも読めるようになる。しかし、漢字となると、事情は一変する。漢字となると、読めない、書けない文字がいっぱいある。しかし、どの子も、自分の住所、氏名ぐらいはすべて漢字で書くことができる。これらの「だれでも書ける」という現象は、いったいどうして生じてくるのであろうか。

答は、至って簡単である。要するにそれは「つきあいの頻度」の違いである。簡単な話が、つきあいの多い文字はマスターできるが、つきあいの乏しい文字は身につかない、ということである。この原理で、前述の現象はすべて説明ができる。このような考えに立っての効果的な鍛え方について、以下に述べよう。

1　テストの氏名は漢字で書かせる

何を今さら改めてこんなことを、と思う向きもあろう。どの教室でも、この方法はとられているだろうからである。

しかし、私は、一年生の一学期から、そうすることをすすめているのである。テストに限らず、作文も、アンケートも、提出物に名まえを書く一切のものについて、名まえは一年生から漢字で書かせるのである。

図工や、硬筆習字、毛筆習字等々すべて、名まえは漢字で統一するとよい。子どもたちは、びっくりするほど、友だちの名まえの漢字が読めるようになるものである。

どうしてこういうことが起こるのであろうか。この答も至って簡単である。

必要性の高い文字から子どもは身につける

ということなのである。

・隣の席の人に自分の名まえを覚えてもらいましょう。

・お互いに、自分の名まえを漢字で教え合いなさい。

・昨日は、お隣の席でした。今日は後ろの席の友だちに自分の名まえを漢字で教えましょう。

・今日は前の席の人に教えましょう。

・今日は、藤崎彩（ふじさき・あや）さんの名まえを読めるようにしましょう。

こんな具合にして、どんどん教え合わせるとよいのである。むろん、学力や知能によって、身につける速さに違いはあるけれども、一年生であっても、一学期でどんなに少なくとも、六割方の子ども同士の名まえが漢字で読めるようになるからおもしろい。

二学期いっぱいで、一年生でもほぼ完全にマスターできるようになる。これは、考えてみると大変なことである。

「藤」は、人名用漢字である。

「崎」は、常用漢字表に加えられた文字である。

「彩」は、教育漢字外の当用漢字である。

この場合、「ただ、読めさえすればいいというわけではなかろう」などとは考えない方がよい。「ただ、読めさえすればいい」のである。

われわれの日常生活では、書くことに比べて、はるかに読むことが多いのである。書けはしなくても、読めさえすればおおかたの用は足りる。書けないことばは、平仮名や片仮名で書いたって用は足りる。

しかし、読めない、ということになっては半分の用も足りないのである。参考書を読む場合にも、テストの問題を読む場合にも、漢字はたくさん出てくるのである。そこで、いちいちひっかかっていたのでは、先に進まない。わたしたちは、子どもたちに、まずは、漢字を読む力を十分につけてやらなければならないのである。その手始めとして、まず「テストの氏名は漢字で書かせる」ことにしようではないか。

2　読み書き分離の指導方針をとる

現在の教科書に出てくる漢字は基本的に「読み書き同時学習」をたてまえとしている。指導要領では、たとえば、三年生の記述の中に次のようなものがある。

学年別漢字配当表の第一学年から第三学年までに配当されている漢字のうち、四一〇字ぐらいの漢字を読み、その大体を書くこと。

一年から三年までに配当されている漢字は四一六字である。「四一〇字ぐらいの漢字」というのは、四一六字のことである。これらをすべて読めるようにして、そのだいたいを書くことができるようにする、とある。だいたい、というのは、八、九割ということであろうか。ともかく、読めるようになった漢字は、ほぼそのまま書けるようにしようというわけである。

この表現のなかで問題になるのは、「その大体を書く」ということである。なかなか、子どもは漢字が書けるようにはならないのである。現場の教師なら、このことはだれにでも頷けることであろう。

漢字を書く力をどのようにして鍛えるかについては後述するとして、ここでは、漢字を読めるようにする力をまずつけようということを述べたい。

漢字の読字力を高めるには、漢字の「読み書き同時学習」という考えをひとまず置いて「読み書き分離学習」をさせるとよい。

平仮名や片仮名が三、四年生になっても読めないという子どもはまずいないと言ってよい。みんな読めるようになっている。また、書けるようにもなっている。なぜであろうか。要するにそれは、同じ文字がくり返し、くり返し出てきているからである。見慣れ、読み慣れ、書き慣れたからにほかならない。

仮名文字の数は限られているから、同じ文字に何度でも出会うが、漢字の数は夥しいので、同じものに出会う回数はぐんと少なくなる。何度も出会っている漢字の習得率は高い。たとえば、低学年の配当漢字は中・高学年になればほとんどマスターされる。

その原理は単純明快、要するに「その漢字に出会う頻度が多い」ということである。この一点こそが、文字習得のゆるぎない大原則である。したがって、この大原則にさえ合わせて指導すれば、指導効果はぐんと大きくなるのである。

そのためには、「書けるようにしなければならない」という考えをひとまず置いて、とにかく、「読めるように」してやろうと考えるのがよい。読めるようにしてやるためには、できるだけ、漢字に多く出会わせてやるのがよいのである。つまり、その漢字に出会う頻度を多くしてやるということである。「つきあいの頻度」を多くしてやるのである。

A社の二年下巻の教材に次のような文章がある。

秋に　なる　ころから、おとなの　さけは、たくさん　あつまって、たまごを　うみに、海から　川へ　やって　きます。そして、いきおいよく　川を、上ります。(A)

この、同じ文章が、次のような形で書かれるのは何年後になるか。

> 秋になる頃から、大人の鮭は、沢山集まって、卵を産みに、海から川へやって来ます。そして、勢いよく川を上ります。(B)

、印の漢字の学年配当は、次のようになっている。

・頃　当用漢字外
・大人　ともに一年配当漢字
・鮭　常用漢字表外
・沢山　常用漢字
・集まる　三年配当漢字
・卵　六年配当漢字
・産む　四年配当漢字
・来る　二年配当漢字
・勢い　四年配当漢字

つまり、二年下巻に書かれている文章表記Aが、教材としてBのように表記されるまでには、教科書では十年近い歳月を要することになるのである。

これは、あまりにも慎重に過ぎる漢字提出ということにはならないだろうか。

文章表記Bを、突然二年生に板書で示したとしたら、二年生の子どもはどのくらいの時間をかけてこの読み方をマスターするであろうか。――驚くなかれ、五分とかかりはしない。二年生の彼らにはそれだけの読字力が潜在的に備わっているのである。そういう潜在学力があるにもかかわらず、それを開発する教師が少ないだけのことである。

私の言うことが嘘だと思うなら、Bのように黒板に書いて、二、三度音読させてみるとよい。たちまちのうちに読めるようになる。不安だったら、一人ずつ片っ端から読ませてみるのもよいだろう。彼らはきっと、上手に読んで見せるに違いない。

一人、二人の例外はあるかもしれない。しかし、それは仕方がない。そのような子どもにさえ、漢字を早めに与えて読ませることには意義がある。なぜなら、彼らでも、おそらく半分ぐらいの漢字は読めるようになるだろうからである。

一年生の「大きなかぶ」の登場人物は次の通りである。

これらを話の筋に合わせて板書してみるとよい。彼らは、一年生にもかかわらず、完全にこれらが読めるようになる。提出の順序を変えてもよい。十日たち、一月たっても、ちゃんと読めた、と一年生の同僚は私に知らせてくれた。それは、至極当然のことなのである。

このような事例からも、漢字については、まず「読む力」をつけてやることに力を注ぐべきだということが言えるであろう。「書く力」をつけることは、しばらく置くとして、まず、多くの漢字が不自由なく読めるようにしてやることを、私は強く主張したいと思う。

これまでに、述べてきたことから、次のようなことが言えるであろう。

3　板書はなるべく漢字を使う

むろん、程度の問題はある。何でも極端になれば弊害が生じてくる。

どの程度まで漢字の提出が可能かは、子どもの実態の把握ができる担任が決定することである。常に、診断と評価を怠らなければ、適切な漢字提出のめどは、自ずから会得されるに違いない。勇気ある、大胆な実践への試みこそが、子どもの実力を高めていく鍵になるのである。

4　新出漢字は子どもに指導させる

新しい漢字の指導は、多くの場合教師が行っているであろう。筆順、部首名、音訓、熟語などなどについて、いちいち教師が教えているのが一般である。

これが悪いというのではないが、この方式がとりわけ著効をもたらすというわけではないことは、文字力があまり高まっていない現状を見ても明らかである。

新出漢字を子どもに指導させる——という方式は、訓練をすれば一年生からでもできる。

①「男（おとこ）」という字を練習します。空書きをしましょう。（一斉に右手を上げ、人さし

指をぴんと伸ばす）

② 一、にいい、三、四、五、ろうく、七、と書きます。七画です。（当番児童は、大きな声で筆順を唱えながら板書する。「にいい」「ろうく」、は、「㇕、㇕の画のところで、折れ、曲がっているけれども一筆で書くことを示している）

③ 読み方を言います。音は、男子、の「ダン」です。（ダン、と片仮名を書き、その下に、「男子」という熟語を書きそえる）
訓は「おとこ」です。（おとこ、と平仮名で書く）

これは、低学年で行う実践の場合であるが、中・高学年に進むにつれて、熟語をふやしたり、部首名を明確にしたり、漢字の成り立ちや構成についても触れさせたりしていくとよい。これらは、子どもの慣れや実態に即して適宜に工夫を加えていけばよいわけである。

このように、「子ども」に指導させる方式はどんな点ですぐれているであろうか。

まず、子どもに指導させる方が集中する。これは、おもしろい現象であるが、友だちの発表することに間違いがないかどうか、注意深く見るためであろう。教師が教える場合には、間違いはないと決めこんでいるから、かえって気持ちが集中しないのかもしれない。友だちの場合には、あまり当てにできないので、教わる側の子どもの方が主体的になるのであろう。

第二に、発表する子の方も真剣になり、自学自習の訓練にもなる。これだけ、クラスの友だちから熱いまなざしで見られるのであるから、いい加減なことはできないわけである。念入りに調べ、発表の練習もし、少なくともその一字についてはマスターして登校する、ということになる。

このようなことから、当然の結果として、第三に、発表する子にとっては、発表練習の場となるのである。通常、私の教室では、少なくとも一日前に漢字の割り当てをしておくので、家庭に帰ってから十分にその漢字についてはは調べてくる時間があるわけである。むろん、力の劣るような子どもには、教師の助力が必要である。参考資料はこちらから与えたり、発表の仕方についての指導もしなければならない。

このような指導を適宜折りこみながら、第四に、少なくともその子にとっては、割り当てられたその一文字に対する完全習得が期待できる。少なくとも、一人一文字はマスターできるということも、見のがせない利点の一つである。

第五に、このような指導法を続けていると漢字に対する関心が高まるので、漢字テストの採点が十分に子ども同士で可能になってくるのである。この点については、項を改めて述べることにしよう。

いずれにせよ、「新出漢字は教師が教えるもの」という通念は必ずしも上策ではない。子どもにも十分できるし、子どもに指導させる方が効率的でもある。

5 漢字テストの採点も子どもにさせる

二年生の担任をしているときのことだった。私は、ほとんどのテストを、隣席の子ども同士で採点させていたのだが、ある母親から、

「漢字の採点だけは先生がしてください」

と言われたことがある。二年生の子どもには、細かいところまでは判断が行き届かないから、というのがその理由である。

もっともな意見だと思う。教師仲間にも、おそらくこのような考えに立って、漢字の採点だけは教師がする、という人が多い、と思う。

しかし、私は、そうはしない。子どもを鍛えるためには、やはり、子どもに採点させる方がよいのである。それは、次のような理由による。

①　友だちの書いた漢字の正誤が判定できないようでは、自分の書く文字の正誤だって判定できないではないか。

②　正しい文字が書けるというのは、自分の書く文字についても、友だちの書く文字についても、正誤、当否が判定できるということでなければならない。

③　指導を加えなければ子どもには採点できはしない。正解は教師が板書し、子どもはそれを見て採点し合うのである。隣席の子ども同士の採点であるから、お互いに真剣に点検し合う。むしろ、教師による採点以上の精度が得られることだってある。

④　正誤の判定がむずかしいものについては質問させるようにすればよい。正誤決め難い漢字それ自体が貴重な学習材料になる。

⑤　この方式をとることは、学級事務処理の能率を上げるばかりでなく、子ども自身の学力をつけることにも有効である。自分のテストが、即時、即座に採点されるというのはよいことであり、友人の採点を担当することにより、いっそう文字を精細に見つ

める力を高めることにもなる。

なお、最終的には子どもの採点したものについて教師が目を通すことが必要なのは言うまでもない。

6　問題を教えてテストをする

一般にテストの問題は秘密である。一定の範囲は示されるがどんな問題が出されるかはその場にならなければわからない。

しかし、漢字のテストは、特別の場合を除いて問題を教えておく方が有効である。漢字は数が多いので、かなりの努力、練習をしていっても、その文字が出題されなければ努力、練習は報われない。そして、しばしば、皮肉にも山ははずれることが多いのである。かくて、挫折感の方が先に立ち、失望をし、やがて漢字は苦手だと思いこんでしまう。

平仮名が書け、片仮名の書ける子が漢字が書けないはずはないのである。一、二年生用の漢字の書ける子が五、六年生用の漢字が書けないはずはない。少なくとも能力的、素質的に書けないはずはない。

要するにそれらは練習の不足、書く頻度の少なさに起因することである。また、これらの要因は、漢字劣等感が生み出す結果とも見られる。

子どもたちに「漢字は難しくはない」「自分にも漢字は書ける」「漢字の練習は楽しい」と実感させることが大切である。

このような、親しみや好意的感情は、いずれも、成功体験や、成就感の中から育まれるものである。そのためには、テストのたびに、「できた」という喜びと、自信とをつけてやるのが得策である。「問題をあらかじめ教えておいてテストをする」というのは、このような理由からである。

できることは楽しいことであり、おもしろいことなのである。五題か十題、時には二十題、あらかじめ出題漢字を子どもに示して、これについてテストをする、と教えてやるようにするのである。こうすれば、子どもの努力対象は限定され、その努力が完全に報われるということになる。

こういう成功体験を積み重ねていくうちに漢字への興味も高まり、実力がつき、漢字書写の自信もつくことになるのである。

とは言うものの、こうしてでさえ、学期末や学年末の漢字テストの結果は、必ずしも満足すべきものにはならないのが普通である。それは、漢字の数があまりにも多く、日常の子どもの使用頻度が、その割には高くないことに由来する。その意味では、漢字指導は、なかなか解決のつかない、厄介な課題であり、依然として国語教師にとって頭の痛い領域ではある。

9章

文章表現力を高める鍛え方

9

1　歩くように、呼吸をするように

私は、新しい学級を受け持つと、必ず言うことにしている。

歩くように、呼吸をするように、気軽に文章が書けるようになりましょう。

歩くときに、誰が、いよいよ歩くぞ、さあ、どうやって歩こうか、などと意識するだろうか。呼吸をするときに、誰が、いよいよ呼吸をするぞ、さあ、どうやって呼吸をしようかなどと考えるであろうか。

歩行も、呼吸も、ほとんど意識されることなく、ごく自然に行われている。ところが、「作文」というと、とかく、「こだわり」と「恐れ」が先に立つ。

・何を書いたらいいか。
・どう書いたらいいか。
・構成はどのようにしたらよいか。

・書くことがない。
・うまく書けない。
・苦手だ、嫌いだ。

こんな思いが先に立ち、文章を書くことはとかく子どもから敬遠されてしまうのである。

歩くように、呼吸をするように、負担なく、構えることなく、文章が書けるようにするためにはどうすればよいのか。そのことに応えて私は、子どもたちに次のように言う

そのためには、とにかく文章をいっぱい書くことが大切です。私は、いっぱい作文を書かせますから、覚悟してください。

このように言うと、子どもたちは、みんな嫌な顔をする。これだけでも、子どもたちが作文を嫌っていることがよくわかる。しかし、こういう子どもの表情に負けてはいけない。

教育とは、そもそも強制的なものなのである。小学校や中学校に通うのも、通わせるのも、「義務」であり、これは「強制」以外の何物でもない。始業時刻は決められており、

一時間、一時間の内容も、時刻も定められている。みだりにそれらを破ることは許されない。試験は受けなければならず、決められたときに進級もしなければならないし、卒業もしなければならない。教育は、本質的に強制から逃れるわけにはいかないものである。だから、善意の強制は、自信をもってなすべきである。

子どもたちの嫌な表情を見てとってから、次のように言うことにする。この一言で、子どもたちは、私の真意を汲みとり、頷いてくる。やる気を起こしてくる。

文章を書くには、考えなくてはいけません。書くことをまとめなければいけません。
わかりやすく書かなければいけません。
文章が書ける力がつけば、どんな勉強だって、きっとおもしろくなります。
先生は、そういう力を、一年かけて、皆さんに、必ずつけてやる自信があります。
先生と一緒に、頑張りましょう。

文章を書く力は、要するにいっぱい書かせることによって伸びるのである。とにかく、事あるごとに、やたら書かせるようにするのである。そうするヒントについてはこれから徐々に述べていくが、「やたら書かせる」ということを、まず子どもに宣言し、子どもに覚悟させ、そして、事実「やたら書かせる」のである。そういう中から、自ずと子どもが書き方も、書くおもしろさも、喜びも会得していくことになる。

次のようなことが、よく言われている。

・やたら書かせても意味がない。
・書き方を教えもしないで子どもが書けるようになるわけがない。
・やたらでたらめに書かせるのでなく、きちんと指導の目標を定め、計画を立ててやるべきだ。
・作文指導でいちばん大切なのは評価である。書かせっぱなしでは子どもの作文力は伸びていかない。
・いつも、具体的なめあてを子どもに持たせ、読み手を意識して書かせることが大切

である――云々、等、等。

これらは、いちいち尤もなことではある。その通りだと、理屈の上では思う。しかし、こんなことにこだわっている教師は、おそらく子どもの作文力を伸ばしはしないだろう。乱暴な言い方をするようだが、これらのいちいちには、一切こだわらぬ方がよい。こんなわかりきった小理屈に負けてはいけないのである。

・やたら書かせることは、すばらしく子どもの文章力を伸ばす。間違いない。

・書かせっぱなしで結構である。評価なんか全然しなくたって、子どもの文章力は、書くことを通して次第に伸びていく。

・具体的なめあてなんか持たせなくていい。書きたいことを、書きたいように書かせているうちに子どもの文章力は伸びていく。

・指導の目標だ、計画だなどと、理屈をこねている間に、教師は一篇でも多くの子どもの生の文章を読んだ方がよいのである。

歩くように、呼吸をするように、自然に、平気で文章が書けるようにするためには、とにもかくにも「多作」を奨励するのが得策である。「多作」を奨励し、それを実践していくためには、面倒な小理屈にこだわっていてはいけない。

幼い子どもが、転んでは立ちあがり、転んでは立ち上がり、立ち上がっては、一歩歩き、二歩歩き、歩いて、転んで、立って、歩いて、転んで、立って、歩いて、転んで、と、それらを際限なく続けているうちに、やがて、がっちりとした歩行能力が身につくように、とにかく、書いて、書いて、書きまくらせるのがよい。

また、作文は、もともと、しんどいものである。書く方にとっても、指導する方にとってもしんどいものである。「しんどくない」などとは思わない方がよい。「しんどくない教え方があるはずだ」などとは、思ってもいけない。しんどいことは自明のこととして、子どもも、教師も、それにあえて挑む「やる気」を持たなければ事は始まりはしないのである。

2　専用原稿用紙を作る

市販の原稿用紙を、私は一切用いない。いろいろの原稿用紙の形式を工夫しては教室で試してみたが、ここ十数年、もはや改良の余地なし、とまで、自信を持って誰にでも推薦できる原稿用紙を私は開発した。

千葉大学の附属小学校では、十数年来これを全校で愛用している。四月の始めに必要枚数の注文をとるのだが、少ない学級でも二千枚、多いところでは八千枚注文する。四十人学級だから、二千枚だと年間一人当たり五十枚、八千枚だと二百枚になる。全校でまとめると、四月当初の注文数は十万枚を超える。千葉大の附属小は、どこの学校にも負けないくらい文章を書かせていた、と私は思っている。

この専用原稿用紙のあらましは次の通りである。

1　判型　B5判（JIS規格二穴あき）
2　字詰　四〇〇字（20×20）
3　印刷　片面印刷、裏は白
4　紙厚　90kgの上質紙
5　罫色　コピーに感応しない薄水色または、薄桃色

どこの印刷所に頼んでも作ってもらえる。枚数が増えるほど安くなるので、全校、あるいは、数校で頼むとぐんと割安になる。

なお、この用紙は、作文以外にもいろいろ使えるので、学級常備をすすめたい。

専用原稿用紙の特長は次のような点にある。

1　判型　B5判、90kg厚の上質紙である。
・紙の腰が強いので、カードのように扱うことができる。めくれたり折れたりしな

い。耐久性が高い。
・二つに折る手間がいらない。
・JIS規格に合わせてあるので、市販のファイルにとじこめる。
・二穴をあけてあるので整然と重ねて整理できる。

2　デザイン
・たて書きにも、横書きにもまったく同じように使える。
・ます目は、８×９㎜でB５判では最大であり、一年生から社会人まで使える。
・罫色が薄いので、文字が鮮明に見え、書きやすく、読みやすい。
・全校が同規格の用紙を使うので、すべての処理、整理がきわめて能率的にできる。

3　ます目の中の目印の工夫（二二六頁）
ます目の中に目印を刷りこんでおく、というのは、ほんのちょっとした工夫であるが、これは大変に便利である。いつでも、だれでも、その目印に従って書き始められるので、自然に正しい書き方を身につけることができるし、子どもたちにとっても、それは大変便利なことなのである。

また、この目印は、紙を横にしさえすれば横書き形式の論文、作文にもまったく同様の方法で利用することができる（二二八頁）。

4　そのほかの利用の仕方

この作文用紙の罫のインクはコピーに感光しないような薄さであり、しかも裏面に何も書かれていないので、当然のことながら、裏面は白紙カードとして利用できる。したがって、国語科に限らず、社会科の図表、地図、理科の実験図解、算数の展開図等々にも広い活用が可能である。

むろん、裏面ではなくても、インクの色が薄いので簡単な図表を入れることは可能である。

このほかにも、工夫しだいで、書取テストや読みがなテストなどの利用ができることもつけ加えておきたい。

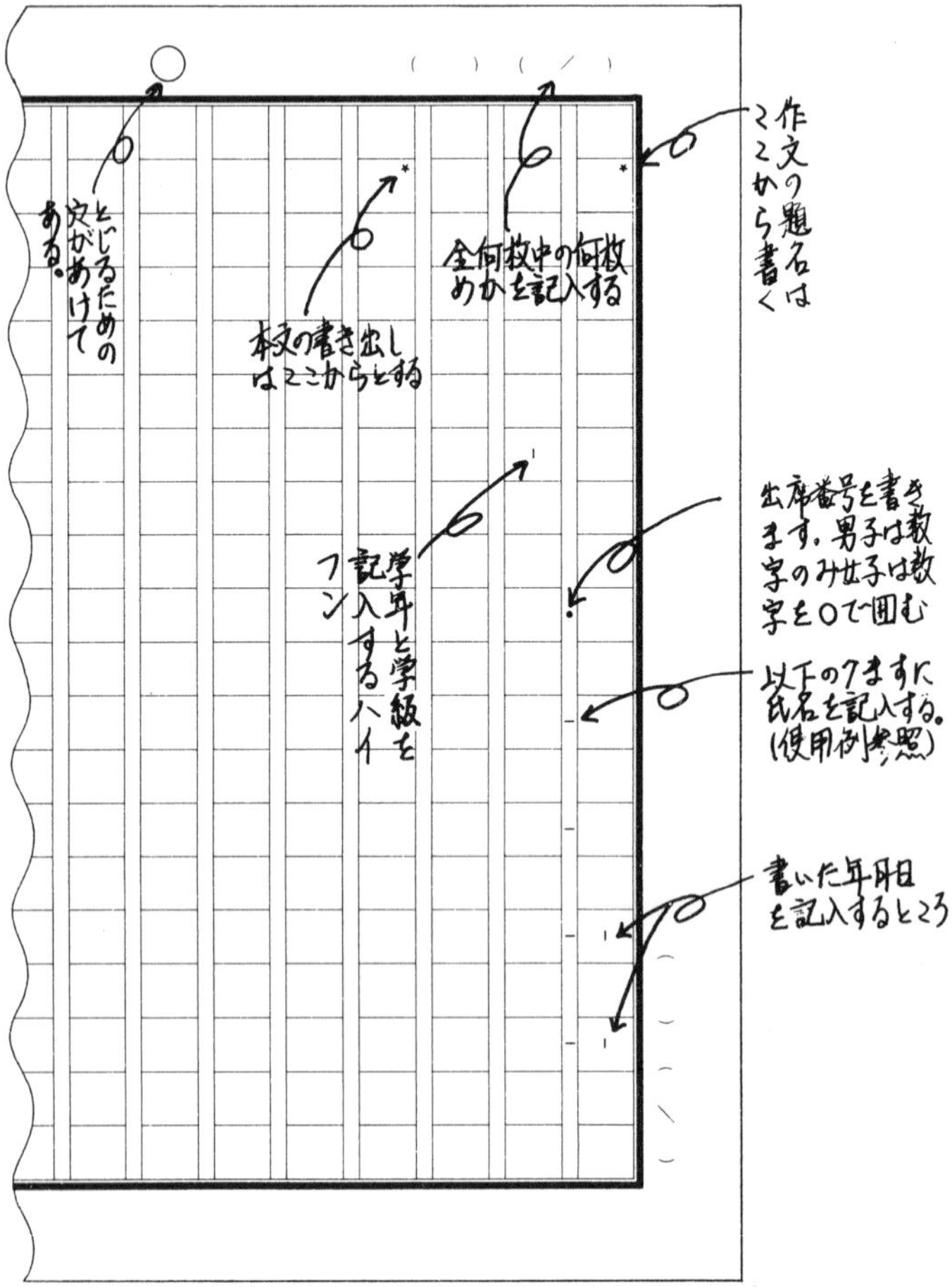
作文の題名はここから書く
全何枚中の何枚めかを記入する
本文の書き出しはここからとする
とじるための穴があけてある。
学年と学級を記入するハイフン
出席番号を書きます。男子は数字のみ女子は数字を○で囲む
以下の7ますに氏名を記入する。(使用例参照)
書いた年月日を記入するところ

使用例

（　　）（1/5）

お母さんのエプロン　（60－10－3）

五の二　⑬・大川美津子

その朝、お母さんは、いつもより一時間も早く起きました。私には、お母さんが、そんなに早く起きるわけが、わかりませんでしたが、今になってみると、とてもよくわかります。

私が、目を覚ましたのは、お母さんが起きてから、一時間半もたってからのことでした。どうも、いつもとは様子が……

横書きの場合の使用例　（　　）（1/11）

*きゅうりのつるののびかた（60－7－3）

5－2　5　大日方　浩一郎

*1、研究の動機

　いなかのおばさんが、きゅうりの苗を5本もってきてくれて、家の庭のすみに植えてくれた。

　「今に、つるがのびて、たくさんのきゅうりがなるから、楽しみにしておいで。」

　おばさんは、そう言ってにっこりした。そのとき、ぼくは「どんなふうにのびるのかなあ」という興味をもった。そして、……

3　評価は簡潔、端的にする

子どもの作文力は、とにもかくにもできるだけ多く書かせることによって伸びるのである。そのことを保障してやるのが一番大切である。

したがって「書かせるのはよいが、後の処理が大変だから、つい書かせなくなる」というようなことがあってはならない。これでは、本末転倒である。極端な言い方をするならば、書かせっぱなしでもよいから、どんどん書かせる方がよいのである。書かせないのは何よりもいけない。

効率的な運動をさせることがむずかしいからと言って、何も運動させない教師よりも、いかに非効率的でも、とにかく運動量を多く与える教師の方が結局は、子どもの体力を増進することができるのである。作文力をつけることもこれに似ている。とにかく、書かせることを最重視することが大切である。

では、評価は、どのようにすればよいか。どのようにすることが、結局子どもの作文力を鍛えることになるのだろうか。私の場合の実践を紹介しよう。

私は、朱墨を水で薄めたものをインク代わりに使っている。これで大きな丸をつけてやるのである。朱墨を薄めてあるので、文字の上にかかっても、下の文字は十分に見える。

よく書けている場合には、五つも、六つも丸をつけてやる。そして、評語は、たとえば次のように簡潔にする。

- 上々の作
- 範文に足る
- 面白い、面白い
- 立派、立派
- よかった、よかった
- もっと長く
- 会話が生きている
- 楽しかったね
- がんばろう!
- 丁寧な文字で

むろん、学年によってことばの表現をそれにふさわしくはするが、短い語で、簡潔にという点は変わらない。

誤字や脱字などは、朱筆で、ちょんとしるしをつけるだけで直してはやらない。指摘だけはしておいて、正しく直すのは自分でという約束にしているからである。
このような作品処理の方式をとると、次のような利点がある。

・まず、極めて短時間で評価ができる。
・その結果、作文の評価が億劫でなくなる。
・評語が短いので、教師も、子どもも、端的に作文の特色をとらえることができる。
・太くて、大きな丸がつけられるので、子どもたちにも喜ばれる。

裏返して見れば、これらは、そのまま欠点ということにもなり得る。たとえば、
・「上々の作」と言っても、どこが、どう上々なのかわからないではないか。
・「丁寧な文字で」と言っても、どのようにすればそういう文字が書けるのか、はっきりしないではないか。
・「もっと長く」とだけ書かれても、子どもは具体的な努力の仕方がわからないではないか。
というような諸点である。

しかし、このようなことに、いちいちこだわっていると、作文指導に特別熱心な一部の教師は別として、一般には、作文を書かせないという最悪の傾向に走りがちである。

右にあげた指摘は、それぞれ重要であり、いちいち答えられるようにしなくてはいけないが、それは、作文の評価、作文の評語を書くという段階でやらなくてはいけないわけではない。

ざっと読み通して、多くの者に共通する欠点が見て取れたならば、その事項を指導内容とした時間を特設して指導すればよい。あれもこれもと考えて、精細な作文処理をせんがために、結局は子どもに作文を書かせる回数を少なくしてしまうのは、本末の転倒である。

4 作品は学級で保存する

作品は子どもに一応は返すが、また、すぐに集めて、学級のファイルに綴じこませておく方がよい。子どもに返してしまうと、おおかたそれは散逸してしまうことが多いからである。

返すならば、学年末に、一冊に綴って返すとよい。文集を作ったり、コンクールに応募したりするときには、それらの作品集の中から選んで使うようにさせるのが理想である。また、近頃は、コピーが手軽にできるので秀作は教師がコピーをして、手許に置くこともできるようになってきた。

私は、子どもの作品は、すべて返さなくてはならない、というようには考えていない。子どもの作品の中のいくつかは、私の手許に保存されている。二十五年にも及ぶ実践の集積は、おびただしい作文量になるが、私の本棚には、およそ五百篇ほどの、各学年にまたがる作文がいまだに保存されている。

クラス会や結婚式に招かれると、これらの中からのいくつかを携えていくことが多い。教え子たちは大いに喜んでそれらを奪い合うようにして見つめ、読む。子どもたちに返してしまったものは、おおかたは散逸してしまうのだが、こうして、教師が手許に置いたものは、むしろ息長く保存されることになる、というよい点もあるのである。

保存、という点からすると、専用原稿用紙は、まことに好都合である。全員が同規格のもので書いているので、いつでも、どこでも整然と、整理保存ができるからである。

部分的にいくつかをとり出すのにも、全員の作品をまとめて綴じこんでおくのにも、専用原稿用紙は、すばらしい威力を発揮してくれることを付け加えておきたい。

5　必ず文集を発行する

文集は、少なくとも年に一回は発行したいものである。文集については、紙幅の都合上詳述はできないので、製作上の要点だけを列挙しておくにとどめよう。

・学級文集がよい。
・全員の作品がのるようにする。
・手書き、手刷りを原則とする。
・片面刷り、袋とじが一番手軽である。
・手書き、手刷りは、ともに子どもか、お母さん方の手を煩わせるとよい。
・文集は、子どもと、親と、教師で作り上げる、学級の総合文化である。
・製本だけは、プロに頼むとよい。
・必ず、奥付を作り、編者は担任とする。

・バラエティーに富んだ内容にすることが望ましい。
・文集づくりのために一斉に書かせたような作文集にはしないこと。
・学級思い出年表、を編集してのせておくようにすると、後年貴重な資料になる。
・文集の表紙は念入りに考えるが、とかく背文字を入れるのを忘れがちであるから注意する。
・作ればよい、のではない。心に残る、よいものを作らなければならない。
・そのためには、四月から、そのことを念頭に置いて、資料蒐集を始めておくことが大切である。
・「教師の作品」の欄を設けるとよい。とかく、挨拶だけで終わっていることが多いが、そうでない方がよい。例えば、
「作品抄」（俳句、短歌、詩、随想等）
「私の教育論」（授業論、学級経営論等）
「思い出抄」（子どものころの追憶等）
などが考えられる。子どもにも、親にも大変喜ばれること間違いない。

あとがき

私は、今改めて、人と人との出会いの不思議さと、ありがたさを感じています。二十年もお世話になった千葉大の附属小学校を出てから、それまでとは全く別の新しい世界が私に開けてきました。

それは、向山洋一先生、京浜サークルの方々、そして、教育技術法則化運動に列なる若い気鋭の先生方との出会いがもたらしてくれた世界です。そこに集う先生方の誠実さと熱気とに私は名状しがたい一種の眩惑を覚えました。どなたも、それまでの私があまり出会えなかった人々に見え、私は、どう振舞ったらよいのか戸惑いさえ感じました。

やがて、我をとり戻すにつれて、私はだんだん勇気が湧いてきました。それまで、思っていても言わずにきたこと、実践はしていても公けにはしなかったこと、しかし、それらはまぎれもなく私の信条に裏づけられたことどもを、この人たちの前でなら、腹蔵なく言えそうだ。言っても分かってもらえそうだ。――そんな気がしてきたのです。そんな勇気を、向山先生を中心として集う方々から、私は与えていただいたように思います。そういう出会いと励ましの中から誕生したのが、この本です。この本は、そういう方々の支えによって生まれたのです。ありがたいことです。

ありがたい出会いに報いるためにも、私はいささか大胆すぎるほどに、私の授業における鍛え方を書いてみました。役に立つところはとり入れてください。賛成できないところは捨て、批判をしてください。

本を著す、ということは、読者との対話を求める行為だ、と私は考えています。小著が心ある読者の手にわたり、また新しい出会いが生まれ、その出会いの輪がだんだん広がっていくことを、私は心から望んでいます。読後の感想やご意見など、どうぞお聞かせください。それらのご意見を謙虚に拝聴し、今後の私の勉強に役立ててまいります。また、私は必ず返信をさしあげます。新しい対話の広がりを期待し、新しい出会いを希望するからです。

現在、臨時教育審議会が様々の制度上の教育改革を模索しています。しかし、制度をどう改めたところで、その制度によって教育がよくなるとは、私には考えられません。教育をよくするかどうかの最後のとりでは、やはり子どもと直接にかかわりながらの日々を送っている教師その人であると私は思います。

教室での日々を、子どもとまみれて生きている先生方に、私の考えや実践が少しでも役立つなら、著者としてそれにまさる喜びはありません。

先生の教育実践が、いよいよ充実し、質の高い教育力を発揮されるようお祈りしています。ありがとうございました。

昭和六十一年二月一日

内房線車中にて識す　　野口　芳宏

【著者紹介】

野口　芳宏（のぐち　よしひろ）

1958年千葉大学教育学部（国語科専攻）卒業，公立小教諭。千葉県の小学校教諭，教頭，校長，北海道教育大学教授（国語教育），同大学，麗澤大学各講師，植草学園大学教授を歴任。現在植草学園大学名誉教授，同フェロー。

〈所属学会等〉

日本教育技術学会（理事・名誉会長），日本言語技術教育学会（理事・副会長），日本教育再生機構（代表委員），（公財）モラロジー研究所（教育者講師），鍛える国語教室研究会，授業道場野口塾（各主宰）

〈主要著書〉

『野口芳宏著作集「鍛える国語教室」』全23巻，『野口芳宏第二著作集「国語修業・人間修業」』全15巻別巻１，『鍛える国語教室』シリーズ１～15（以上，いずれも明治図書），『ちゃんとができる子になる子どもの作法』（さくら社），『縦の教育，横の教育』（（公財）モラロジー研究所）他，編著・監修著書等多数

〈専門分野〉

国語教育，道徳教育，家庭教育，幼児教育

表紙写真提供：株式会社福分堂・教職ネットマガジン

名著復刻　授業で鍛える

2015年７月初版第１刷刊　©著　者　野　口　芳　宏
2023年３月初版第８刷刊　発行者　藤　原　久　雄
発行所　明治図書出版株式会社
http://www.meijitosho.co.jp
（企画）矢口郁雄（校正）大内・高梨
〒114-0023　東京都北区滝野川7-46-1
振替00160-5-151318　電話03(5907)6701
ご注文窓口　電話03(5907)6668

＊検印省略　組版所　藤原印刷株式会社

Printed in Japan　ISBN978-4-18-196116-9